Historia Universal de la Literatura

NOVALIS

HIMNOS A LA NOCHE

ENRIQUE DE OFTERDINGEN

EDICIONES ORBIS, S.A. – EDITORIAL ORIGEN, S.A.

Traducción y notas de Eustaquio Barjau

Traducción cedida por Editora Nacional, Madrid

ISBN: 84-7530-403-6
D.L.B. 39231-1983

Compuesto, impreso y encuadernado por
Printer industria gráfica, s.a. Provenza, 388 Barcelona-25
Sant Vicenç dels Horts

Printed in Spain

HIMNOS A LA NOCHE

I

¿Qué ser vivo, dotado de sentidos, no ama, por encima de todas las maravillas del espacio que lo envuelve, a la que todo lo alegra, la luz —con sus colores, sus rayos y sus ondas; su dulce omnipresencia, cuando ella es el alba que despunta? Como el más profundo aliento de la vida la respira el mundo gigantesco de los astros, que flotan, en danza sin reposo, por sus mares azules— la respira la piedra, centelleante y en eterno reposo, la respira la planta, meditativa, sorbiendo la vida de la tierra, y el salvaje y ardiente animal multiforme —pero, más que todos ellos, la respira el egregio Extranjero, de ojos pensativos y andar flotante, de labios dulcemente cerrados y llenos de música. Lo mismo que un rey de la Naturaleza terrestre, la luz concita todas las fuerzas a cambios innúmeros, ata y desata vínculos sin fin, envuelve todo ser de la tierra con su imagen celeste. —Su sola presencia abre la maravilla de los imperios del mundo—.

Pero me vuelvo hacia el valle, a la sacra, indecible, misteriosa Noche. Lejos yace el mundo —sumido en una profunda gruta— desierta y solitaria es su estancia. Por las cuerdas del pecho sopla profunda tristeza. En gotas de rocío quiero hundirme y mezclarme con la ceniza. —Lejanías del recuerdo, deseos de la juventud, sueños de la niñez, breves alegrías de una larga vida, vanas esperanzas se acercan en grises ropajes, como niebla del atardecer tras la puesta del sol. En otros espacios abrió la luz sus bulliciosas tiendas. ¿No tenía que volver con sus hijos, con los que esperaban su retorno con la fe de la inocencia?

¿Qué es lo que, de repente, tan lleno de presagios, brota en el fondo del corazón y sorbe la brisa suave de la melancolía? ¿Te complaces también en nosotros, Noche oscura? ¿Qué es lo que ocultas bajo tu manto, que, con fuerza invisible, toca mi alma? Un bálsamo precioso destila de tu mano, como de un haz de adormideras. Por ti levantan el vuelo las pesadas alas del espíritu. Oscuramente, inefablemente nos sentimos movidos —alegre y asustado, veo ante mí un rostro grave, un rostro que dulce y piadoso se inclina hacia mí, y, entre la infinita maraña de sus rizos, reconozco la dulce juventud de la Madre. ¡Qué pobre y pequeña me parece ahora la Luz!— ¡Qué alegre y bendita la despedida del día! —Así, sólo porque la Noche aleja de ti a tus servidores, por esto sólo sembraste en las inmensidades del espacio las esferas luminosas, para que pregonaran tu omnipotencia —tu regreso— durante el tiempo de tu ausencia. Más celestes que aquellas centelleantes estrellas nos parecen los ojos infinitos que abrió la Noche en nosotros. Más lejos ven ellos que los ojos blancos y pálidos de aquellos incontables ejércitos —sin necesitar la Luz, ellos penetran las honduras de un espíritu que ama— y esto llena de indecible delicia un espacio más alto. Gloria a la Reina del mundo, a la gran anunciadora de universos sagrados, a la tuteladora del amor dichoso — ella te envía hacia mí — tierna amada — dulce y amable sol de la Noche, — ahora permanezco despierto — porque soy Tuyo y soy Mío[1] — tú me has anunciado la Noche: ella es ahora mi vida — tú me has hecho hombre — que el ardor del espíritu devore mi cuerpo, que, convertido en aire, me una y me disuelva contigo íntimamente y así va a ser eterna nuestra noche de bodas.

1. Al reconocer su pertenencia a la Noche, el poeta cobra conciencia de la plena posesión de sí mismo.

II

¿Tiene que volver siempre la mañana? ¿No acabará jamás el poder de la tierra? Siniestra agitación devora las alas de la Noche que llega. ¿No va a arder jamás para siempre la víctima secreta del Amor? Los días de la Luz están contados; pero fuera del tiempo y del espacio está el imperio de la Noche. –El Sueño dura eternamente. Sagrado Sueño– no escatimes la felicidad a los que en esta jornada terrena se han consagrado a la Noche. Solamente los locos te desconocen y no saben del Sueño, de esta sombra que tú, compasiva, en aquel crepúsculo de la verdadera Noche arrojas sobre nosotros. Ellos no te sienten en las doradas aguas de las uvas –en el maravilloso aceite del almendro y en el pardo jugo de la adormidera. Ellos no saben que tú eres la que envuelves los pechos de la tierna muchacha y conviertes su seno en un cielo –ellos ni barruntan siquiera que tú, viniendo de antiguas historias, sales a nuestro encuentro abriéndonos el Cielo y trayendo la llave de las moradas de los bienaventurados, de los silenciosos mensajeros de infinitos misterios.

III

Antaño, cuando yo derramaba amargas lágrimas; cuando, disuelto en dolor, se desvanecía mi esperanza; cuando estaba en la estéril colina, que, en angosto y oscuro lugar, albergaba la imagen de mí – solo, como jamás estuvo nunca un solitario, hostigado por un miedo indecible – sin fuerzas, pensamiento de la miseria sólo. – Cuando entonces buscaba auxilio por un lado y por otro – avanzar no podía, retroceder tampoco, – y un anhelo infinito me ataba a la vida apagada que huía: – entonces, de horizontes lejanos azules – de las cimas de mi antigua beatitud, llegó un escalofrío de crepúsculo – y, de repente, se rompió el vínculo del nacimiento – se rompieron las cadenas de la Luz. Huyó la maravilla de la tierra, y huyó con ella mi tristeza – la melancolía se fundió en un mundo nuevo, insondable – ebriedad de la Noche, Sueño del Cielo, tú viniste sobre mí – el paisaje se fue levantando dulcemente; sobre el paisaje, suspendido en el aire, flotaba mi espíritu, libre de ataduras, nacido de nuevo. En nube de polvo se convirtió la colina – a través de la nube vi los rasgos glorificados de la Amada. En sus ojos descansaba la eternidad – cogí sus manos, y las lágrimas se hicieron un vínculo centelleante, indestructible. Pasaron milenios huyendo a la lejanía, como huracanes. Apoyado en su hombro lloré; lloré lágrimas de encanto para la nueva vida. – Fue el primero, el único Sueño – y desde entonces, desde entonces sólo, siento una fe eterna, una inmutable confianza en el Cielo de la Noche, y en la luz de este Cielo: la Amada.

IV

Ahora sé cuándo será la última mañana – cuándo la Luz dejará de ahuyentar la Noche y el Amor – cuándo el sueño será eterno y será solamente Una Visión inagotable, un Sueño. Celeste cansancio siento en mí: –Larga y fatigosa fue mi peregrinación al Santo Sepulcro, pesada, la cruz. La ola cristalina, al sentido ordinario imperceptible, brota en el oscuro seno de la colina, a sus pies rompe la terrestre corriente quien ha gustado de ella, quien ha estado en el monte que separa los dos reinos y ha mirado al otro lado, al mundo nuevo, a la morada de la Noche – en verdad, éste ya no regresa a la agitación del mundo, al país en el que anida la Luz en eterna inquietud.

Arriba se construyen cabañas, cabañas de paz[1], anhela

1. Alusión al texto evangélico que narra la transfiguración de Jesús (Luc. IX, 33: «Levantemos tres tiendas...»)

y ama, mira al otro lado, hasta que la más esperada de todas las horas le hace descender y le lleva al lugar donde mana la fuente – sobre él flota lo terreno[1], las tormentas lo llevan de nuevo a la cumbre, pero lo que el toque del Amor santificó fluye disuelto por ocultas galerías, al reino del más allá, donde, como perfumes, se mezcla con los amados que duermen en lo eterno.

Todavía despiertas, viva Luz, al cansado y le llamas al trabajo – me infundes alegre vida – pero tu seducción no es capaz de sacarme del musgoso monumento del recuerdo. Con placer moveré mis manos laboriosas, miraré a todas partes adonde tú me llames – glorificaré la gran magnificencia de tu brillo – iré en pos, incansable, del hermoso entramado de tus obras de arte – contemplaré la sabia andadura de tu inmenso y luciente reloj – escudriñaré el equilibrio de las fuerzas que rigen el maravilloso juego de los espacios, innúmeros, con sus tiempos. Pero mi corazón, en secreto, permanece fiel a la Noche, y fiel a su hijo, el Amor creador. ¿Puedes tú ofrecerme un corazón eternamente fiel? ¿Tiene tu sol ojos amorosos que me reconozcan? ¿Puede mi mano ansiosa alcanzar tus estrellas? ¿Me van a devolver ellas el tierno apretón y una palabra amable? ¿Eres tú quien la ha adornado con colores y un leve contorno – o fue Ella la que ha dado a tus galas un sentido más alto y más dulce? ¿Qué deleite, qué placer ofrece tu Vida que suscite y levante los éxtasis de la muerte? ¿No lleva todo lo que nos entusiasma el color de la Noche? Ella te lleva a ti como una madre y tú le debes a ella todo tu esplendor. Tú te hubieras disuelto en ti misma – te hubieras evaporado en los espacios infinitos, si ella no te hubiera sostenido, no te hubiera ceñido con sus lazos para que naciera en ti el calor y para que, con tus llamas, engendraras el mundo. En verdad, yo existía antes que tú existieras – la Madre me mandó, con mis hermanos, a que poblara el mundo, a que lo santificara por el Amor, para

1. Ver *Enrique de Ofterdingen*, cap. VI: «"¿Dónde está el río?", gritó (Enrique) entre sollozos. "Aquí, encima de nosotros, ¿no ves sus ondas azules?" Enrique levantó la vista y vio cómo el río azul discurría silencioso sobre su cabeza.»

que el universo se convirtiera en un monumento de eterna contemplación – me mandó a que plantara en él flores inmarcesibles. Pero aún no maduraron estos divinos pensamientos. – Son pocas todavía las huellas de nuestra revelación. – Un día tu reloj marcará el fin de los tiempos, cuando tú seas una como nosotros, y, desbordante de anhelo y de fervor, te apagues y te mueras. En mí siento llegar el fin de tu agitación – celeste libertad, bienaventurado regreso. Mis terribles dolores me hacen ver que estás lejos todavía de nuestra patria; veo que te resistes al Cielo, magnífico y antiguo. Pero es inútil tu furia y tu delirio. He aquí, levantada, la Cruz, la Cruz que jamás arderá – victorioso estandarte de nuestro linaje.

Camino al otro lado,
y sé que cada pena
va a ser el aguijón
de un placer infinito.
Todavía algún tiempo,
y seré liberado,
yaceré embriagado
en brazos del Amor.
La vida infinita
bulle dentro de mí:
de lo alto yo miro,
me asomo hacia ti.
En aquella colina
tu brillo palidece,
y una sombra te ofrece
una fresca corona.
¡Oh, Bienamada, aspira
mi ser todo hacia ti;
así podré amar,
así podré morir.
Ya siento de la muerte
olas de juventud:
en bálsamo y en éter

mi sangre se convierte.
Vivo durante el día
lleno de fe y valor,
y por la noche muero
presa de un santo ardor.

V

Sobre los amplios linajes del hombre reinaba, hace siglos, con mudo poder, un destino de hierro. Pesada, oscura venda envolvía su alma temerosa. – La tierra era infinita – morada y patria de los dioses. Desde la eternidad estuvo en pie su misteriosa arquitectura. Sobre los rojos montes de Oriente, en el sagrado seno de la mar, moraba el sol, la luz viva que todo lo inflama. Un viejo gigante[1] llevaba en sus hombros el mundo feliz. Encerrados bajo las montañas yacían los hijos primeros de la madre Tierra. Impotentes en su furor destructor contra la nueva y magnífica estirpe de Dios y la de sus allegados, los hombres alegres. La sima oscura y verde del mar, el seno de una diosa. En las grutas cristalinas retozaba un pueblo próspero y feliz. Ríos y árboles, animales y flores tenían sentido humano. Dulce era el vino, servido por la plenitud visible de los jóvenes – un dios en las uvas – una diosa, amante y maternal, creciendo hacia el cielo en plenitud y el oro de la espiga – la sagrada ebriedad del Amor, un dulce culto a la más bella de las diosas – eterna, polícroma fiesta de los hijos del cielo y de los moradores de la tierra, pasaba, rumorosa, la vida, como una primavera, a través de los siglos. – Todas las generaciones veneraban con fervor infantil la tierna llama, la llama de mil formas, como lo supremo del mundo. Un pensamiento sólo fue, una espantosa imagen vista en sueños.

1. Alusión al mito de Atlas.

Terrible se acercó a la alegre mesa,
y envolvió el alma en salvaje pavor;
ni los dioses supieron consolar
el pecho acongojado de tristeza.
Por sendas misteriosas llegó el Mal;
a su furor fue inútil toda súplica.
Era la muerte, que el bello festín
interrumpía con dolor y lágrimas.

Entonces, separado para siempre
de lo que alegra aquí el corazón;
lejos de los amigos, que en la tierra
sufren nostalgia y dolores sin fin,
parecía que el muerto conocía
sólo un pesado sueño, una lucha impotente.
La ola de la alegría se rompió
contra la roca de un tedio infinito.

Espíritu osado y ardiente sentido,
el hombre embelleció la horrible larva;
un tierno adolescente apaga la luz y duerme –
dulce tierra, como viento en el arpa,
el recuerdo se funde en los ríos de sombra;
la poesía cantó así nuestra triste pobreza,
pero quedaba el misterio de la Noche eterna,
el grave signo de un poder lejano.

A su fin se inclinaba el viejo mundo. Se marchitaba el jardín de delicias de la joven estirpe – arriba, al libre espacio, al espacio desierto, aspiraban los hombres subir, los que ya no eran niños, los que iban creciendo hacia su edad madura. Huyeron los dioses, con todo su séquito – Sola y sin vida estaba la Naturaleza. Con cadena de hierro ató el árido número y la exacta medida. Como en polvo y en brisas se deshizo en oscuras palabras la inmensa floración de la vida. Había huido la fe que conjura y la compañera de los dioses, la que todo lo muda, la que todo lo hermana: la Fantasía. Frío y hostil soplaba un viento del Norte sobre el campo aterido, y el país del ensueño, la patria entumecida por el frío, se levantó hacia el éter. Las lejanías del cielo se llenaron de mundos de luz. Al profundo santuario, a los altos espacios del espíritu, se retiró con sus fuerzas el alma del mundo – para reinar allí hasta que despuntara la aurora de la gloria del mundo. La luz ya no fue más la mansión de los dioses – con el velo de la Noche se cubrieron. Y la Noche fue el gran seno de la revelación – a él regresaron los dioses – en él se durmieron, para resurgir, en nuevas y magníficas figuras, ante el mundo transfigurado. En el pueblo, despreciado por todos, madurado temprano, extraño tercamente a la beata inocencia de su juventud, apareció, con rostro nunca visto, el mundo nuevo – en la poética cueva de la pobreza. – Un Hijo de la primera Virgen y Madre – de un misterioso abrazo el infinito fruto. Rico en flor y en presagios, el saber de Oriente reconoció el primero el comienzo de los nuevos tiempos – Una estrella le señaló el camino que llevaba a la humilde cuna del Rey. En nombre del Gran Futuro le rindieron vasallaje: esplendor y perfume, maravillas supremas de la Naturaleza. Solitario, el corazón celestial se desplegó en un cáliz de omnipotente amor – vuelto su rostro al gran rostro del Padre, recostado en el pecho, rico en presagios y dulces esperanzas, de la Madre, amorosamente grave. Con ardor que diviniza, los proféticos ojos del Niño en flor contemplaban los días futuros; miraba a sus amados, los retoños de su estirpe divina, sin temer por el destino terrestre de sus días. Muy pronto, extrañamente conmovidos por un íntimo amor, se reunieron en torno a él los espíritus ingenuos y sencillos. Como flores, germinaba una nueva y extraña vida a la vera del Niño. Insondables palabras, el más alegre de los mensajes, caían, como centellas de un espíritu divino, de sus labios amables. De costas lejanas, bajo el cielo sereno y alegre de Héllade nacido, llegó a Palestina un cantor, y entregó su corazón entero al Niño del Milagro:

Tú eres el adolescente que desde hace tiempo
estás pensando, sobre nuestras tumbas:
un signo de consuelo en las tinieblas –
alegre comenzar de un nuevo hombre.
Lo que nos hunde en profunda tristeza
en un dulce anhelar se nos lleva:
la Muerte nos anuncia eterna Vida,
Tú eres la Muerte, y sólo Tú nos salva.

Lleno de alegría, partió el cantor hacia Indostán – ebrio su corazón de dulce amor; y esparció la noticia con ardientes canciones bajo aquel dulce cielo, y miles de corazones se inclinaron hacia él, y el alegre mensaje en mil ramas creció. El cantor se marchó, y la vida preciosa fue víctima pronto de la honda caída del hombre. – Murió en sus años mozos, arrancado del mundo que amaba, de su madre, llorosa, y los amigos, medroso. El negro cáliz de indecibles dolores tuvieron que apurar sus labios amorosos. – Entre angustias terribles llegaba la hora del parto del mundo nuevo. Libró duro combate con el espanto de la vieja muerte – grande era el peso del viejo mundo sobre él. Una vez más volvió a mirar a su madre con afecto – y llegó entonces la mano que libera, la dulce mano del eterno amor – y se durmió en la eternidad. Por unos días, unos pocos tan sólo, cayó un profundo velo sobre el mar rugiente y la convulsa tierra – mil lágrimas lloraron los amados – cayó el sello del misterio – espíritus celestes levantaron la piedra, la vieja losa de la oscura tumba. Junto al durmiente – moldeados dulcemente por sus sueños – estaban sentados ángeles. – En nuevo esplendor divino despertado ascendió a las alturas de aquel mundo nacido de nuevo – con sus propias manos sepultó el viejo cadáver en la huesa que había abandonado y, con mano omnipotente, colocó sobre ella una losa que ningún poder levanta.

Tus amados aún lloran lágrimas de alegría, lágrimas de emoción, de gratitud infinita, junto a tu sepulcro – sobrecogidos de alegría, te ven aún resucitar – y se ven a sí mismos resucitar contigo; te ven llorar, con dulce fervor, en el pecho feliz de la Madre; pasear, grave, con los amigos; decir palabras que parecen arrancadas del Árbol de la Vida; te ven correr anhelante a los brazos del Padre, llevando contigo la nueva Humanidad, el cáliz inagotable del dorado Futuro. La Madre corrió pronto hacia ti – en triunfo celeste. – Ella fue la primera que estuvo contigo en la nueva patria. Largo tiempo transcurrió desde entonces, y en creciente esplendor se agitó tu nueva creación – y miles de hombres siguieron tus pasos: dolores y angustias, la fe y la añoranza les llevaron confiados tras ti – contigo y la Virgen celeste caminan por el reino del Amor – servidores del templo de la muerte divina, tuyos para la Eternidad.

Se levantó la losa –
Resucitó la Humanidad –
Tuyos por siempre somos,
no sentimos ya lazos.
Huye la amarga pena
ante el cáliz de Oro,
Vida y Tierra cedieron
en la última Cena.

La muerte llama a bodas –
Con luz arden las lámparas –
Las vírgenes ya esperan –
no va a faltar aceite –
Resuene el horizonte
del cortejo que llega,
nos hablen las estrellas
con voz y acento humanos.

A ti, mil corazones,
María, se levantan.
En esta vida en sombras
te buscan sólo a ti.
La salud de ti esperan

con gozo y esperanza,
si tú, Santa María,
a tu pecho les llevas.

Cuántos se consumieron
en amargos tormentos,
y, huyendo de este mundo,
volvieron hacia ti.
Ellos son nuestro auxilio
en penas y amarguras –
vamos ahora a ellos,
para ser allí eternos.

Nadie que crea y ame
llorará ante una tumba:
el Amor, dulce bien,
nadie le robará –
Su nostalgia mitiga
la ebriedad de la Noche –
fieles hijos del Cielo
velan su corazón.

Con tal consuelo avanza
la vida hacia lo eterno;
un fuego interno ensancha
y da luz a nuestra alma;
una lluvia de estrellas
se hace vino de vida,
beberemos de él,
y seremos estrellas.

El amor se prodiga:
ya no hay separación.
La vida, llena, ondea
como un mar infinito;
una noche de gozo –
un eterno poema –
y el Sol, el Sol de todos,
será el rostro de Dios.

VI

NOSTALGIA DE LA MUERTE

Descendamos al seno de la tierra,
dejemos los imperios de la Luz;
el golpe y el furor de los dolores
son la alegre señal de la partida.
Veloces, en angosta embarcación,
a la orilla del Cielo llegaremos.

Loada sea la Noche eterna;
sea loado el Sueño sin fin.
El día, con su sol, nos calentó,
una larga aflicción nos marchitó.
Dejó ya de atraernos lo lejano,
queremos ir a la casa del Padre.

¿Qué haremos, pues, en este mundo,
llenos de amor y de fidelidad?
El hombre abandonó todo lo viejo;
ahora va a estar solo y afligido.
Quien amó con piedad el mundo pasado
no sabrá ya qué hacer en este mundo.

Los tiempos en que aún nuestros sentidos
ardían luminosos como llamas;
los tiempos en que el hombre conocía
el rostro y la mano de su padre;
en que algunos, sencillos y profundos,
conservaban la impronta de la Imagen.

Los tiempos en que aún, ricos en flores,
resplandecían antiguos linajes;
los tiempos en que niños, por el Cielo,

buscaban los tormentos y la muerte;
y aunque reinara también la alegría,
algún corazón se rompía de amor.

Tiempos en que, en ardor de juventud,
el mismo Dios se revelaba al hombre
y consagraba con amor y arrojo
su dulce vida a una temprana muerte,
sin rechazar angustias y dolores,
tan sólo por estar a nuestro lado.

Medrosos y nostálgicos los vemos,
velados por las sombras de la Noche;
jamás en este mundo temporal
se calmará la sed que nos abrasa.
Debemos regresar a nuestra patria,
allí encontraremos este bendito tiempo.

¿Qué es lo que nos retiene aún aquí?
Los amados descansan hace tiempo.
En su tumba termina nuestra vida;
miedo y dolor invaden nuestra alma.
Ya no tenemos nada que buscar –
harto está el corazón – vacío el mundo.

De un modo misterioso e infinito,
un dulce escalofrío nos anega –
como si de profundas lejanías
llegara el eco de nuestra tristeza:
¿Será que los amados nos recuerdan
y nos mandan su aliento de añoranza?

Bajemos a encontrar la dulce Amada,
a Jesús, el Amado, descendamos –
No temáis ya: el crepúsculo florece
para todos los que aman, para los afligidos.
Un sueño rompe nuestras ataduras
y nos sumerge en el seno del Padre.

ENRIQUE DE OFTERDINGEN

DEDICATORIA

Tú has despertado en mí el noble anhelo
de contemplar el corazón del amplio mundo;
tu mano me dio fuerza y confianza
para pasar seguro por todas las tormentas.

Con misteriosos presagios has criado a tu hijo
y lo has llevado por fabulosos prados;
modelo de mujer, de dulces pensamientos,
su corazón moviste para el supremo salto.

¿Qué es lo que me encadena al peso de este mundo?
¿No son eternamente tuyos mi corazón y mi vida?
¿No me protege tu amor en esta tierra?

Por ti me puedo consagrar al noble arte,
pues tú, amada, quieres ser mi Musa
y el silencioso Genio que protege mi canto.

En mil formas cambiantes nos saluda
la misteriosa fuerza del canto en esta tierra:
allí es la paz eterna que bendice este mundo;
aquí, la juventud cuya agua nos inunda.

Ella es la que derrama la luz en nuestros ojos
y la que nos ha dado el sentido de las artes;
el corazón alegre y el corazón cansado
saborean el milagro de una santa ebriedad.

En sus senos repletos me amamantó de vida;
por ella soy ahora lo que soy
y puedo levantar, alegre, la mirada.

Mi sentido más alto dormía todavía,
pero lo veo acercarse volando, como un ángel;
desperté y, volando, con ella me llevó.

PRIMERA PARTE

LA ESPERA

I

Sus padres se habían ido a la cama, y estaban dormidos; sonaba el tic-tac acompasado del reloj de pared; fuera silbaba el viento y sacudía las ventanas; la claridad de la luna iluminaba de vez en cuando la habitación.

El muchacho, inquieto, tumbado sobre su lecho, pensaba en el extranjero y en todo lo que éste les había contado. «No son los tesoros –se decía– lo que ha despertado en mí este extraño deseo. Bien lejos estoy de toda codicia. Lo que anhelo es ver la Flor Azul. Su imagen no me abandona; no puedo pensar ni hablar de otra cosa. Jamás me había ocurrido algo semejante: es como si antes hubiera estado soñando, o como si, en sueños, hubiera sido trasladado a otro mundo. Porque en el mundo en que antes vivía, ¿quién hubiera pensado en preocuparse por flores? Antes jamás oí hablar de una pasión tan extraña por una flor. ¿De dónde venía este extranjero? Nadie de nosotros había visto nunca un hombre así, y, sin embargo, no alcanzo a saber por qué he sido yo el único a quien sus palabras han causado una emoción tan grande. Los demás han oído lo mismo que yo, y a nadie le ha ocurrido lo que me está ocurriendo a mí. ¡Ni yo mismo soy capaz de hablar del extraño estado en que me encuentro! A menudo es tan grande su encanto... Y aunque no tengo ante mis ojos la

Flor me siento arrastrado por una fuerza íntima y profunda: nadie puede saber lo que esto es ni nadie lo sabrá nunca. Si no fuera porque lo estoy viendo y penetrando todo con una luz y una claridad tan grandes pensaría que estoy loco; pero desde la llegada del extranjero todas las cosas se me hacen mucho más familiares. Una vez oí hablar de tiempos antiguos, en los que los animales, los árboles y las rocas hablaban con los hombres.[1] Y ahora, justamente, me parece como si de un momento a otro fueran a hablarme, y como si yo pudiera adivinar en ellas lo que van a decirme. Debe de haber muchas palabras que yo todavía no sé; si supiera más palabras podría comprenderlo todo mucho mejor. Antes me gustaba bailar; ahora prefiero pensar en la música.» El muchacho fue perdiéndose lentamente en dulces fantasías y se durmió.

Primero soñó en inmensas lejanías y regiones salvajes y desconocidas. Caminaba sobre el mar con ligereza incomprensible; veía extraños animales; se encontraba viviendo entre las más diversas gentes, tan pronto en guerra, entre salvaje agitación, como en tranquilas cabañas. Caía prisionero y en la más afrentosa miseria. Todas las sensaciones llegaban a un grado de intensidad que él no había conocido jamás. Vivía una vida de infinitos matices y colores; moría y volvía de nuevo al mundo; amaba hasta la suprema pasión, y era separado para siempre de su amada.

Por fin, al amanecer, cuando fuera apuntaban los primeros rayos del sol, la agitación de su espíritu se fue remansando, y las imágenes fueron cobrando claridad y fijeza. Le parecía que caminaba solo por un bosque oscuro. Sólo raras veces la luz del día brillaba a través de la verde espesura. Pronto se encontró ante un desfiladero que subía montaña arriba. Tuvo que trepar por piedras musgosas, arrancadas de la roca viva y lanzadas corriente abajo por un antiguo torrente. Cuanto más subía más luminoso iba haciéndose el bosque. Por fin llegó a un pequeño prado

1. Alusión a la Edad de Oro. En su primer despertar a la poesía Enrique se siente viviendo en esta época de la Humanidad.

que estaba en la ladera de la montaña. Al fondo del prado se levantaba un enorme peñasco, a cuyo pie vio una abertura que parecía ser la entrada de un pasadizo excavado en la roca. Anduvo por él cómodamente un buen rato, hasta llegar a un ensanchamiento, una especie de amplia sala, del que salía una luz muy clara, que él había visto brillar ya de lejos. Así que entró vio un rayo muy fuerte, que, como saliendo de un surtidor, ascendía hasta la parte alta de la bóveda, para deshacerse allí en infinidad de pequeñas centellas, que se reunían abajo en una gran alberca; el rayo de luz brillaba como oro encendido; no se oía el más mínimo ruido: un sagrado silencio envolvía el espléndido espectáculo. Se acercó a la alberca, en la que ondeaban trémulos infinitos colores. Las paredes de la cueva estaban revestidas de aquel líquido, que no era caliente, sino fresco, y que desde ellas arrojaba una luz azulada y pálida. Metió la mano en la alberca y se humedeció los labios. Le pareció como si un hálito espiritual penetrara todo su ser, y se sintió íntimamente confortado y refrescado. Le entró un deseo irreprimible de bañarse; se desnudó y se metió en la alberca. Le pareció que le envolvía una nube encendida por la luz del atardecer; una sensación celestial le invadió interiormente; mil pensamientos pugnaban, con íntima voluptuosidad, por fundirse en él. Imágenes nuevas y nunca vistas aparecían ante sus ojos; también ellas penetraban unas dentro de otras, y en torno a él se convertían en seres visibles; cada onda de aquel deleitoso elemento venía a estrecharse junto a él como un delicado seno. Aquel mar parecía una danza bulliciosa y desatada de encantadoras doncellas que en aquellos momentos vinieran a tomar cuerpo junto al muchacho.

Embriagado de embeleso, pero dándose cuenta muy bien de todas las impresiones, nadó despaciosamente, siguiendo la corriente del río, que, saliendo de la alberca, se metía de nuevo en la roca. Una especie de dulce somnolencia le invadió: soñaba cosas que no hubiera sido capaz de describir. Una luz distinta le despertó. Se encontró en un mullido césped, a la vera de una fuente, cuyas aguas penetraban en el aire y parecían desaparecer en él. No muy lejos se levantaban unas rocas de color azul marino, con vetas multicolores; la luz del día que le circundaba tenía una claridad y una dulzura desacostumbradas; el cielo era de un purísimo azul oscuro. Pero lo que le atraía con una fuerza irresistible era una flor alta y de un azul luminoso, que estaba primero junto a la fuente y que le tocaba con sus hojas anchas y brillantes. En torno a ella había miles de flores de todos los colores, y su delicioso perfume impregnaba todo el aire. El muchacho no veía otra cosa que la Flor Azul, y la estuvo contemplando largo rato con indefinible ternura. Por fin, cuando quiso acercarse a ella, ésta empezó de pronto a moverse y a transmudarse: las hojas brillaban más y más, y se doblaban, pegándose al tallo, que iba creciendo; la flor se inclinó hacia él, y sobre la abertura de la corola, que formaba como un collar azul, apareció, como suspendido en el aire, un delicado rostro. El dulce pasmo del muchacho iba creciendo ante aquella transformación; en aquel momento la voz de su madre le despertó, y se encontró en la habitación de sus padres, dorada ya por el sol de la mañana. Enrique estaba demasiado embelesado para molestarse por esta interrupción: dio los buenos días amablemente a su madre y de todo corazón le devolvió el abrazo que ésta le había dado.

—¡Eh, dormilón! —dijo el padre—. Hace rato que por tu culpa tengo que estar aquí sentado limando, sin poder usar el martillo; tu madre quería dejar dormir a su querido hijo. Hasta para el desayuno he tenido que esperar. Has sido muy listo eligiendo el estudio; por él tenemos nosotros que trabajar y velar hasta las tantas. Aunque, según me han contado, un verdadero sabio tiene que pasar noches en vela también para leer y estudiar las grandes obras de sus ilustres predecesores.

—Padre —contestó Enrique—, no os enfadéis de que haya dormido hasta tan tarde; ya sabéis que no acostumbro a hacerlo. Tardé mucho en dormirme, y tuve al principio muchas pesadillas, hasta que, por fin, tuve un sueño tan dulce que tardaré en olvidarme de él; creo que ha sido algo más que un sueño.

—Hijo mío —dijo la madre—, a buen seguro que has estado durmiendo boca arriba, o te habrás distraído ayer al rezar las oraciones de la noche. No tienes el aspecto de todos los días.

La madre salió de la habitación. El padre continuaba aplicado a su trabajo y decía:

—Son falacias eso de los sueños, piensen lo que quieran los sabios sobre ello; y lo que tú debes hacer es dejarte de tonterías y no pensar en estas cosas: son inutilidades que sólo pueden hacerte daño. Se acabaron aquellos tiempos en que Dios se comunicaba a los hombres por medio de los sueños; y hoy no podemos comprender, ni llegaremos a comprenderlo nunca, qué debieron de sentir aquellos hombres escogidos de los que nos habla la Biblia. En aquel tiempo todo debió de ser de otra manera, tanto los sueños como las demás cosas de los hombres. En los tiempos en que ahora vivimos ya no existe contacto directo entre los humanos y el cielo. Las antiguas historias y las Escrituras son ahora las únicas fuentes por las que nos es dado saber lo que necesitamos conocer del mundo sobrenatural; y en lugar de aquellas revelaciones sensibles, ahora el Espíritu Santo nos habla por medio de la inteligencia de hombres sabios y buenos, y por medio de la vida y el destino de hombres piadosos. Los milagros de hoy en día nunca me han edificado mucho; nunca creí en estos grandes hechos de que nos hablan los clérigos. Con todo, que aprovechen a quien crea en ellos; yo me guardaré muy bien de apartar a nadie de sus creencias.

—Pero, padre, ¿por qué sois tan contrario a los sueños? Sean ellos lo que fueren, no hay duda de que sus extrañas transformaciones y su naturaleza frágil y liviana tiene que darnos que pensar. ¿No es cierto que todo sueño, aun el más confuso, es una visión extraordinaria que, incluso sin pensar que nos los haya podido mandar Dios, podemos verla como un gran desgarrón que se abre en el misterioso velo que, con mil pliegues, cubre nuestro interior? En los libros más sabios se encuentran incontables historias de sueños que han tenido hombres dignos de crédito; acordaos si no del sueño que hace poco nos contó el venerable capellán de la corte y que os pareció tan curioso.

Pero, aun dejando aparte estas historias, imaginar que por primera vez en vuestra vida tuvierais un sueño. ¿No es verdad que os maravillaríais y que no permitiríais que se discutiera lo extraordinario de un acontecimiento que para los demás es una cosa cotidiana? A mí el sueño se me antoja como algo que nos defiende de la monotonía y de la rutina de la vida; una libre expansión de la fantasía encadenada, que se divierte barajando las imágenes de la vida ordinaria e interrumpiendo la continua seriedad del hombre adulto con un divertido juego de niños. Seguro que sin sueños envejeceríamos antes. Por esto, aunque no lo veamos como algo que nos llega directamente del cielo, bien podemos ver al sueño como un don divino, como un amable compañero en nuestra peregrinación hacia la santa sepultura. Estoy seguro de que el sueño que he tenido esta noche no ha sido algo casual, sino que va a contar en mi vida, porque lo siento como una gran rueda que hubiera entrado en mi alma y que la impulsara poderosamente hacia adelante.

El padre sonrió amablemente, y, mirando a la madre, que en aquel momento entraba en la habitación, dijo:

—Madre, Enrique no puede desmentir la hora que le trajo a este mundo: en sus palabras hierve el ardiente vino de Italia que había traído yo de Roma y que iluminó nuestra noche de bodas. Entonces también yo era otro hombre. Los vientos del Sur me habían despabilado; rebosaba de fuerza y alegría; y tú también eras una muchacha ardiente y deliciosa. La casa de tu padre estaba desconocida; de todas partes habían venido músicos y cantores, y hacía tiempo que no se había celebrado una boda tan alegre en Ausburgo.

—Hace poco estabais hablando de sueños —dijo la madre—. ¿Te acuerdas que entonces me contaste uno que habías tenido en Roma y que fue el que te impulsó a venir a Ausburgo para pedir mi mano?

—Me lo recuerdas en un momento oportuno —dijo el padre—; me había olvidado completamente de aquel curioso sueño que me estuvo dando que pensar tanto tiempo; pero él es, creo, precisamente, una prueba de lo que acabo de decir. Es imposible soñar algo más claro y ordenado; ahora mismo podría contar perfectamente lo que vi, y, sin embargo, ¿qué significado ha tenido? Que soñara en ti y que sintiera inmediatamente deseos de que fueras mía era lo más natural del mundo, porque yo ya te conocía: tus gracias me habían conmovido vivamente desde un principio, y lo único que me contenía en el deseo de poseerte era el anhelo de conocer tierras nuevas. Cuando tuve este sueño mi curiosidad se había aplacado ya un tanto; por esto pudo más entonces la inclinación hacia ti.

—Contadnos aquel sueño tan extraño —dijo el chico.

—Una noche —empezó diciendo el padre— había salido yo a dar un paseo por Roma. El cielo estaba despejado, y la luna, con su luz pálida y misteriosa, bañaba las viejas columnas y los muros. Mis compañeros seguían a las muchachas; a mí, la nostalgia y el amor me llevaron al campo libre. Al fin, empecé a tener sed, y entré en la primera casa de campo que me pareció tener buen aspecto, para pedir un poco de vino o de leche. Salió un anciano, que debió de tomarme por un visitante sospechoso. Lo dije lo que quería, y en cuanto supo que era extranjero, y alemán, me hizo entrar muy amablemente en su habitación, y me trajo una botella de vino. Me hizo sentar y me preguntó cuál era mi oficio. La estancia estaba llena de libros y objetos antiguos. Nos ensartamos en una larga conversación: me contó muchas cosas de tiempos pasados, de pintores, de escultores y de poetas. Hasta entonces nunca había oído hablar de estas cosas de aquel modo. Me pareció como si estuviera en otro mundo, como si hubiera desembarcado en otro país. Me enseñó sellos grabados en piedra y otros objetos artísticos antiguos; después, con viva emoción, me leyó hermosísimos poemas, y de este modo se nos pasó el tiempo en un momento. Todavía ahora se me alegra el corazón cuando pienso en aquel hervidero de mil extraños pensamientos y sensaciones que llenaban mi espíritu aquella noche. Aquel hombre vivía en los tiempos paganos como si fueran su propio tiempo; había que ver con qué ardor anhelaba volver a aquel oscuro pasado. Por fin me enseñó una habitación en la que podría pasar el resto de la noche, porque se había hecho demasiado tarde para volver a Roma. Me dormí en seguida: me parecía que estaba en mi ciudad y que salía por una de sus puertas. Era como si tuviera que ir a alguna parte a hacer algo, pero no sabía adónde tenía que ir ni qué era lo que tenía que hacer. Me encaminé a las montañas del Harz, a toda prisa: se me antojaba que iba a mi boda. No me detenía ni un momento; iba campo traviesa por bosques y valles, y pronto llegué al pie de una alta montaña. Cuando llegué a la cumbre divisé ante mí la Llanura Dorada;[1] desde allí dominaba toda Turingia, ninguna montaña se interponía ante mi vista. Enfrente, al otro lado, se erguía el Harz, con sus oscuras montañas; y veía multitud de castillos, monasterios y aldeas. Estando en aquella dulce contemplación se me ocurrió pensar en el anciano que me estaba hospedando aquella noche y me pareció que llevaba ya mucho tiempo viviendo en su casa. Pronto descubrí una escalera que penetraba en la montaña y descendí por ella. Al cabo de un buen rato llegué a una gran cueva. Había allí un viejo, vestido con larga túnica, sentado ante una mesa de hierro mirando fijamente a una doncella hermosísima que esculpida en mármol estaba frente a él. Su barba había crecido por encima de la mesa de hierro y cubría sus pies. Su aspecto era a la vez severo y amable, y me recordó una de las cabezas antiguas que la noche anterior me había enseñado mi huésped.[2] Una luz resplandeciente llenaba la cueva. Estando yo en este sueño, contemplando al anciano, sentí de repente que mi huésped

1. Llanura que se extiende entre el Harz y el monte Kyffhäuser.

2. Según la leyenda, Federico Barbarrosa no había muerto, sino que estaba dormido en una gruta del Kyffhäuser.

me daba unas palmadas en el hombro; me cogió de la mano y me llevó a través de largos pasadizos. Al cabo de un rato vi a lo lejos una luz, como si el sol quisiera entrar en aquella galería. Corrí siguiendo aquella claridad y me encontré en seguida en una verde llanura; pero todo me pareció muy distinto: aquello no era Turingia. Inmensos árboles de hojas grandes y brillantes esparcían sombra por doquier. El aire era muy cálido, no obstante su calor no era opresivo. Por todas partes había fuentes y flores, y entre todas las flores una que me gustaba especialmente; me parecía como si las demás se inclinaran ante ella.

—¡Oh, padre!, decidme de qué color era —gritó el hijo, emocionado—. ¿No era azul?

—Puede ser —prosiguió el padre, sin prestar atención a la extraña brusquedad de Enrique—. Me acuerdo sólo que experimenté una sensación extraña y que estuve largo tiempo sin acordarme de mi acompañante. Al fin, cuando me volví hacia él, me di cuenta de que me estaba mirando atentamente y de que me sonreía con íntima alegría. De qué modo salí de aquel lugar no sabría decirlo ahora. Estaba de nuevo en la cumbre de la montaña. Mi acompañante estaba a mi lado y me decía: «Has visto el milagro del mundo. De ti depende que seas el ser más feliz de la tierra y que, además, llegues a ser un hombre famoso. Fíjate bien en lo que voy a decirte: si el día de San Juan, al atardecer, vuelves a este lugar y le pides a Dios de todo corazón que te haga comprender este sueño, te será dada la mayor suerte de este mundo; fíjate sólo en una florecilla azul que encontrarás aquí; arráncala y encomiéndate humildemente al Cielo: él te guiará.» Después, siempre en sueños, me encontré entre maravillosas figuras y seres humanos; tiempos infinitos, en múltiples transformaciones, pasaban revoloteando ante mis ojos. Mi lengua se encontraba como libre de ataduras y todo lo que decía sonaba como música. Después de esto todo se volvió de nuevo oscuro, angosto y habitual; vi a tu madre que me miraba con ojos entre amables y avergonzados; llevaba en sus brazos a un niño resplandeciente; iba a acercármelo cuando de repente éste fue creciendo más y más, brillaba y lucía con creciente intensidad hasta que por fin, con unas alas blancas y resplandecientes, se levantó por encima de nosotros, nos cogió en brazos y nos llevó volando tan arriba que veíamos la tierra como una escudilla de oro bellamente cincelada. Del resto del sueño me acuerdo sólo de una cosa, que volvieron a aparecer la flor, la montaña y el anciano.[1] Pero en seguida me desperté y me sentí movido por un gran amor. Me despedí de aquel huésped que me había acogido con tanta amabilidad; él me pidió que volviera a visitarle; así se lo prometí y así lo hubiera hecho de no haber salido tan pronto de Roma para irme a toda prisa a Ausburgo.

1. El padre ha tenido un sueño parecido al del hijo, pero no ha sabido interpretarlo: lo que en realidad era una llamada para la Poesía lo ha visto él como un anuncio de su próxima boda. En el primer capítulo de la segunda parte se comenta el carácter no poético del padre de Enrique.

II

San Juan había pasado. Ya hacía tiempo que la madre de Enrique quería ir a Ausburgo a casa de su padre: el abuelo todavía no conocía al nieto, a quien tanto quería. Unos buenos amigos del viejo Ofterdingen, gente de negocios, necesitaban ir a Ausburgo para sus cosas. He aquí, pues, que la madre decidió aprovechar esta ocasión para realizar su deseo; tanto más porque de un tiempo a aquella parte notaba que Enrique estaba más silencioso y ensimismado que nunca. Lo veía triste o, quizás, enfermo; pensaba que un viaje largo, el ver gente y países nuevos, y —quién sabe..., esto no lo decía ella a nadie— el encanto de una hermosa y joven paisana suya podrían tal vez ahuyentar las sombras de la mente de su hijo; esperaba que un cambio así podría devolver quizás a Enrique aquel carácter simpático y alegre que había tenido siempre. Al padre le pareció bien el proyecto, y Enrique no cabía en sí de contento: qué alegría poder ir a un país, que, por lo que desde hacía tiempo le venían contando su madre y los viajeros, imaginaba como paraíso en la tierra; cuántas veces había soñado con ir allí.

Enrique tenía entonces veinte años. Nunca había salido más allá de los alrededores de su ciudad natal, y no conocía el mundo sino por lo que había oído decir de él. Bien pocos libros habían caído en sus manos. En aquella ciudad, residencia del Landgrave, se llevaba una vida sencilla y tranquila, según las costumbres de aquella época. Incluso el esplendor mismo y las comodidades de la vida de un príncipe de entonces apenas se pueden comparar con las que un hombre acomodado de nuestros días, sin ser excesivamente derrochador, puede ofrecer a su familia. Pero esto mismo hacía que el hombre pusiera más cariño y afecto a todos aquellos enseres de que se rodeaba para satisfacer las más diversas necesidades de su vida: les daba más importancia y los apreciaba más. Si el misterio de la Naturaleza y el nacimiento de las cosas en el seno de ella atraía ya el espíritu de aquellos hombres, llenos de presentimientos y adivinaciones, el extraño arte con que estos enseres habían sido trabajados, la romántica lejanía de que venían, lo sagrado de su antigüedad —porque, conservados cuidadosamente, pasaban de una a otra generación— aumentaban el amor de los hombres hacia estos mudos compañeros de su existencia. A menudo se les elevaba al rango de sagrados talismanes que guardaban una bendición y un destino especiales, y de cuya posesión dependía a veces la felicidad de reinos enteros y familias dispersas. Una *dulce* pobreza y una peculiar sencillez, mezcla de severidad e inocencia, adornaba aquellos tiempos; y aquellas pequeñas joyas, escasas pero repartidas con amor, brillaban, tanto más porque eran pocas, en aquella penumbra y llenaban de maravillosas esperanzas el espíritu pensativo de aquellos hombres. Si es cierto que sólo una sabia distribución de luces, colores y sombras es capaz de mostrarnos la escondida maravilla del mundo visible, y parece darnos una visión nueva y más alta de todo, no hay duda de que esta hábil distribución y esta sabia economía se encontraban por doquier en aquellos tiempos. Sin embargo, hoy en día la superior comodidad de que gozamos nos ofrece la imagen uniforme y sin matices de un mundo habitual y cotidiano. En todas las transiciones, como si fueran una especie de reinos intermedios, diríase que hay una fuerza espiritual y superior que quiere salir a la luz; y del mismo modo como en el mundo en que vivimos los parajes más ricos en tesoros subterráneos y celestes se encuentran entre las grandes montañas, fragosas e inhóspitas, y las inmensas llanuras, asimismo entre los ásperos tiempos de la barbarie y las edades ricas en arte, en ciencia y en bienestar se encuentra la época romántica, llena de sabiduría, una época que bajo un sencillo ropaje encubre una figura excelsa.[1] ¿A quién no le gusta pasear a la hora del crepúsculo, entre dos luces, cuando el día y la noche se encuentran y se rompen en mil sombras y colores? Hundámonos, pues, en los años en que vivió Enrique, cuando, pletórico de emoción, salía al encuentro de nuevos acontecimientos.

El muchacho se despidió de sus compañeros y de su maestro, el anciano y sabio capellán de palacio, que conocía muy bien las grandes cualidades de su discípulo y que, encomendándole al cielo en sus pensamientos, le dijo adiós con gran emoción. La condesa era la madrina de Enrique; éste iba a verla a menudo a la Wartburg; también de ella fue a despedirse el viajero. La noble dama tuvo amables palabras para su protegido, le dio buenos consejos, le regaló una cadena de oro para el cuello y le deseó buen viaje.

Enrique se separaba con tristeza de su padre y de su ciudad natal. Ahora es cuando sabía lo que era separarse de lo que uno ama. Antes, cuando pensaba en el viaje, no había imaginado lo que iba a ser este sentimiento de verse arrancado por primera vez del mundo que hasta entonces había sido suyo y de sentirse como empujado hacia una orilla desconocida. Es inmensa la tristeza que se apodera de un joven en esta primera experiencia de lo pasajero de las cosas de este mundo; antes de llegar a este momento de la vida todo parece necesario, imprescindible, firmemente enraizado en lo más profundo de nuestro ser, e inmutable

1. Para Novalis lo romántico, en uno de sus sentidos, es lo que se refiere a la conciencia de la gran fuerza que mueve todas las cosas; aflora más en las épocas de transición que en aquellas en las que el hombre cree haber encontrado su estadio definitivo.

como él. La primera separación es el primer anuncio de la muerte: de su imagen ya no podrá olvidarse más el hombre; luego, después de haber estado inquietándole largo tiempo, como una visión nocturna, a medida que va menguando en él el gusto por las apariencias del día y a medida que va creciendo el anhelo por un mundo más seguro y más estable, esta primera impresión se va convirtiendo en un amable guía y en un amigo consolador. La proximidad de su madre confortaba mucho a Enrique. El mundo que dejaba no le parecía aún perdido del todo: el muchacho la abrazaba con redoblada ternura.

Amanecía cuando los viajeros traspusieron la puerta de Eisenach, y aquella media luz favorecía el estado en que se encontraba Enrique. Conforme se iba haciendo de día el viajero iba viendo mejor las tierras, nuevas para él, que estaban atravesando; y cuando al llegar a una altura divisó, iluminado por la luz del sol naciente, el paisaje que abandonaba, el joven sintió que entre el turbio remolino de sus pensamientos brotaban, desde lo más íntimo de su ser, antiguas melodías. Se sentía en el umbral de aquellas tierras lejanas que tantas veces, inútilmente, había querido ver, desde las montañas cercanas y de las que él se había hecho un cuadro de extraños colores: estaba a punto de sumergirse en aquel mar azul. Tenía ante él la Flor maravillosa. Miraba hacia Turingia, el país que estaban dejando atrás, con una extraña impresión: le parecía como si, después de largos viajes por los países a los que ahora se dirigía, volviera a su patria; como si su viaje fuera un viaje de regreso.

Sus compañeros, que iban al principio callados, lo mismo que él, como si a todos les poseyeran sentimientos e impresiones semejantes, empezaron poco a poco a despertarse y a amenizar el viaje con toda clase de comentarios y narraciones. La madre de Enrique creyó que había que sacar a su hijo de las ensoñaciones en las que le veía sumergido y empezó a contar cosas de su patria, de la casa de su padre y de la alegre vida que se llevaba en Suabia. Los dos mercaderes asentían a todo lo que decía la madre, ilustraban con detalles y ejemplos todas sus narraciones, alababan la hospitalidad del viejo Schwaning y no se cansaban de ponderar las bellezas de las paisanas de su compañera de viaje.

—Hacéis muy bien en llevar a vuestro hijo allí —decían—. Las costumbres de vuestro país son más dulces y agradables. La gente sabe preocuparse por lo útil sin menospreciar lo placentero. Cada cual busca el modo de satisfacer sus necesidades con una limpia alegría y respetando a los demás. El mercader se encuentra a gusto en Suabia; la gente le respeta. Las artes y los oficios prosperan y se ennoblecen allí; al que no es perezoso le parece ligero el trabajo: tantas y tan varias son las comodidades que éste le procura; y aunque esta ocupación pueda ser monótona y pesada, le asegura al hombre el goce de una gran variedad de frutos provenientes de múltiples y agradables actividades. El dinero, el trabajo y los productos del trabajo se incrementan mutuamente, se expanden en seguida por el país y hacen florecer sus pueblos y ciudades. Y del mismo modo como las horas del día se emplean para el trabajo, las de la noche se dedican sólo a los hermosos placeres de las artes y la conversación. El espíritu del hombre busca descanso y variación, y en qué sitio puede encontrarlos de un modo más noble y más bello que en el libre juego y en las obras de una facultad tan elevada como es su espíritu creador. En ninguna parte como en Suabia puede uno oír cantos de tan atractiva belleza, contemplar lienzos de mayor hermosura ni ver, en los salones de danza, movimientos más alados ni figuras más bellas. En el aire natural y espontáneo de la gente y en la animación de las conversaciones se advierte la proximidad de Italia. Vosotras, las mujeres, podéis dar color a las reuniones, y, sin temor a lo que puedan decir, podéis, con vuestro encanto, despertar una animada competición por atraer la atención de los hombres. La áspera seriedad y la ruda grosería de éstos se convierten allí en una dulce vivacidad y en una suave y moderada alegría, y el amor, bajo mil figuras, pasa a ser allí el genio que dirige aquellas felices reuniones. Y todo ello, lejos de favorecer la corrupción de costumbres y de principios, no parece sino fomentar el buen orden y la paz, como si los malos espíritus huyeran de aquel ambiente de hermosura y encanto, porque no hay duda de que en toda Alemania no podríamos encontrar muchachas más honestas y esposas más fieles que las de Suabia.

—Sí, muchacho, los aires claros y tibios del sur disiparán este ceño tímido y taciturno; las alegres muchachas os harán más abierto y hablador. Ya vuestro nombre, por desconocido allí, y vuestro estrecho parentesco con el viejo Schwaning, que es la alegría de todas las reuniones, despertarán la curiosidad de las muchachas; no os van a faltar hermosos ojos que se fijen en vos. Y a buen seguro que si seguís el consejo de vuestro abuelo habréis de adornar nuestra ciudad trayéndonos una joya tan hermosa como la mujer que nos trajo vuestro padre.

La madre de Enrique se sonrojó y agradeció con una amable sonrisa la hermosa alabanza de la patria que hacían los mercaderes y la buena opinión que tenían de las mujeres de Suabia; el muchacho, a pesar de su ensimismamiento, no había podido dejar de escuchar con gran atención y con íntima complacencia las descripciones que sus compañeros de viaje hacían del país que le esperaba.

—Aunque no queráis seguir el oficio de vuestro padre —prosiguieron los mercaderes— y prefiráis dedicaros, según nos han dicho, al estudio, no es preciso por ello que entréis en religión y renunciéis a los más bellos placeres de esta vida. Bastante mal es ya que las ciencias y el consejo de los príncipes estén en manos de una clase tan apartada de la vida común y con tan poca experiencia de las cosas como son los clérigos. En la soledad en que viven, sin tomar parte en los negocios del mundo, es forzoso que sus pensamientos adquieran un dejo de esterilidad y que no puedan atender a las cosas de esta vida. Hombres sabios y prudentes también los encontraréis en Suabia entre los laicos; podréis escoger la rama del saber humano que más os plazca: no os han de faltar los mejores maestros y consejeros.

Enrique, que al oír esto se había acordado de su amigo el capellán de palacio, dijo al cabo de un rato:

—Aunque yo, con toda mi inexperiencia de las cosas del mundo no os pueda contradecir en lo que decís sobre la incapacidad de los clérigos para juzgar y dirigir los asuntos terrenos, permitidme que os recuerde a nuestro excelente capellán de palacio, que sin duda es un ejemplo de hombre sabio y de maestro cuyas enseñanzas y consejos yo nunca podré olvidar.

—Respetamos de todo corazón a este hombre tan bueno —contestaron los mercaderes—; sin embargo, sólo estamos de acuerdo en lo que decís sobre su sabiduría, si por sabiduría entendéis aquel modo de comportarse en la vida que se aviene con la voluntad de Dios. Si le consideráis tan prudente en las cosas del mundo como versado y docto en las cosas que atañen a la salvación, permitidnos que disintamos de vuestra opinión. Esto no quiere decir que por ello deje de ser este religioso un hombre digno de la mayor alabanza: hasta tal punto está sumido en la ciencia de las cosas sobrenaturales, que no puede preocuparse de ver y penetrar las terrenas.

—Con todo —dijo Enrique—, ¿no os parece que aquella sabiduría superior es precisamente la más adecuada para conducir de un modo sereno y desapasionado los asuntos de los hombres?, ¿no os parece que aquella sencillez e ingenuidad, propias de un niño, son capaces de encontrar el recto camino que conduce a través del laberinto de las cosas de este mundo de un modo más seguro que aquella sabiduría cegada por consideraciones de interés propio y desencaminada y cohibida por los muchos azares y complicaciones de la vida? No sé, pero me parece como si hubiera dos caminos para llegar a la ciencia de la historia humana: uno, penoso, interminable y lleno de rodeos, el camino de la experiencia; y otro, que es casi *un* salto, el camino de la contemplación interior. El que recorre el primero tiene que ir encontrando las cosas unas dentro de otras en un cálculo largo y aburrido; el que recorre el segundo, en cambio, tiene una visión directa de la naturaleza de todos los acontecimientos y de todas las realidades, es capaz de observarlas en sus vivas y múltiples relaciones, y de compararlas con los demás objetos como si fueran figuras pintadas en un cuadro. Tenéis que perdonarme que os hable como un muchacho soñador: sólo la confianza en vuestra bondad y la memoria de mi maestro, que desde hace tiempo me ha enseñado este segundo camino, que es el suyo, me han podido hacer tan osado.

—Hemos de reconocer —dijeron los buenos mercaderes— que no somos capaces de seguir el hilo de vuestros pensamientos; sin embargo, nos place ver con qué afecto os acordáis de vuestro excelente maestro y de qué modo se conoce que habéis aprendido sus enseñanzas. Nos parece que tenéis dotes para ser poeta: habláis de un modo tan fácil y suelto de todo lo que ocurre en vuestro espíritu...; nunca os falta la expresión exacta ni la comparación adecuada. Por otra parte, se os ve inclinado a lo maravilloso, que es el elemento de los poetas.

—No sé —dijo Enrique—; desde hace tiempo oigo hablar a menudo de poetas y de trovadores, pero nunca he visto a ninguno. No puedo ni sospechar cómo debe ser el extraño arte de estos hombres; sin embargo, anhelo siempre oír hablar de él. Me parece como si tuviera que comprender mucho mejor lo que ahora no es para mí sino un vago presentimiento. Sobre poesías he oído hablar mucho; sin embargo, nunca me ha sido dado ver una; mi maestro no ha tenido nunca la oportunidad de adquirir conocimientos sobre este arte. Nada de lo que me ha dicho de él lo he podido entender claramente. Sin embargo, él pensaba que era un arte noble al que yo me entregaría del todo si alguna vez me era dado conocerlo. Decía que antiguamente había sido un arte mucho más extendido, que todo el mundo había tenido un conocimiento mayor o menor de él. Decía que había sido un arte emparentada con otras artes excelsas que hoy en día no se conservan. Que el cantor era un hombre distinguido de un modo especial por una gracia divina merced a la cual vivía en un mundo invisible desde el que, como iluminado, predicaba sabiduría celestial a los hombres bajo el ropaje de hermosas canciones.

A esto dijeron los mercaderes:

—En realidad, aunque muchas veces hemos oído con agrado los cantos de los poetas, jamás nos hemos preocupado por desentrañar los secretos de su arte. Es muy posible que la venida de un poeta al mundo tenga que ver con algún astro especial, porque realmente hay algo de maravilloso en este arte. Las otras se distinguen muy bien de ésta y se pueden comprender mucho mejor. Uno puede saber fácilmente lo que son la pintura y la música, y con paciencia y constancia puede uno iniciarse sin dificultad en estas artes: los sonidos están en las cuerdas, no hace falta más que adquirir la habilidad necesaria para moverlas y sacar de ellas una bella melodía. En la pintura la gran maestra es la Naturaleza: ella es la que le ofrece al hombre esta infinidad de hermosas y extrañas figuras, ella es la que da a las cosas colores, luces y sombras; una mano diestra, una mirada certera y un conocimiento del modo de preparar y mezclar los colores son capaces de imitar perfectamente este gran espectáculo. Y por esto es muy fácil también comprender el efecto que estas artes producen en los hombres, el agrado que sus obras les proporcionan. El canto del ruiseñor, el murmullo del viento, las luces, los colores y las formas nos placen porque dan agradable ocupación a nuestros sentidos; y como la Naturaleza, que es la autora de todas estas cosas, ha producido también nuestros sentidos y los ha conformado según ellas, la imitación artificial de la Naturaleza tiene que agradar forzosamente a éstos. La Naturaleza misma quiere gozar del inmenso arte que en ella se encierra: por esto se transforma en seres humanos; en ellos se alegra de su propia magnificencia, separa lo placentero y dulce de las cosas y lo vuelve a crear de un modo tal que, bajo las más variadas formas, puede disfrutar de ello en todo tiempo y lugar. En cambio, en la poesía no hay nada externo sobre lo que podamos apoyarnos cuando queremos saber lo que es. No es un arte que cree nada con las manos o por medio de instrumentos. La vista y el oído no perciben nada de ella, porque la acción propia de este misterioso arte no es el hacernos oír el sonido de las palabras. En la poesía todo es interior: así como los otros artistas llenan nuestros sentidos exteriores con sensaciones agradables, el poeta llena el santuario interior de nuestro espíritu con pensamientos nuevos, maravillosos y placenteros. Cuando un poeta canta estamos en sus manos: él es el que sabe despertar en nosotros aquellas fuerzas secretas; sus palabras nos descubren un mundo maravilloso que antes no conocíamos. Tiempos pasados y futuros, figuras humanas sin número, regiones *maravillosas* y sucesos extraordinarios surgen ante nosotros, como saliendo de profundas cavernas, y nos arrancan de lo presente y conocido. Oímos palabras nuevas y no obstante sabemos lo que quieren decir. La voz del poeta tiene un poder mágico: hasta las palabras más usuales adquieren en sus labios un sonido especial y son capaces de arrebatar y fascinar al que las oye.

—Con lo que me estáis diciendo —dijo Enrique— mi curiosidad se convierte en ardiente impaciencia. Por favor, contadme cosas de todos los trovadores que conozcáis. Nunca me cansaré de oír hablar de estos extraordinarios hombres. De repente me parece como si en mi más tierna infancia hubiera oído hablar de ellos en alguna parte, pero no puedo acordarme absolutamente de nada. Pero todo lo que me decís me resulta tan claro, tan conocido, vuestras hermosas explicaciones me causan un placer tan grande...

—A nosotros mismos —prosiguieron los mercaderes— nos gusta recordar los buenos ratos, que no son pocos, que hemos pasado en Italia, en Francia y en Suabia en compañía de trovadores. Nos alegra el vivo interés que manifestáis por todo lo que venimos hablando. Cuando se va de viaje por las montañas, como ahora, la conversación resulta doblemente agradable y el tiempo pasa volando. Quizás os delcitaría oír contar algunas de las bellas historias de poetas que hemos oído contar en nuestros viajes. De los cantos que hemos oído poco podemos deciros porque el placer y la embriaguez del momento nos impidieron conservarlos en la memoria; por otra parte, el trajín de nuestro oficio ha borrado de nuestras mentes muchos recuerdos.

Antiguamente toda la naturaleza debió de estar más llena de vida y de sentido que ahora. Fuerzas que hoy en día los animales apenas parecen advertir y que sólo el hombre es capaz de sentir y gozar, movían entonces cuerpos sin vida; y así era posible que hubiera hombres hábiles que, por sí solos, realizaran hazañas y provocaran fenómenos que actualmente se nos antojan totalmente inimaginables y fabulosos.[1] De este modo, según nos cuentan viajeros que todavía han oído estas leyendas de boca de la gente del pueblo, en tiempos muy remotos, en las tierras que ocupa ahora el imperio griego, debió de haber poetas, que, con el extraño son de maravillosos instrumentos, despertaban la secreta vida de los bosques y los espíritus que se escondían en las ramas de los árboles; hacían revivir las simientes y convertían regiones yermas y desérticas en frondosos jardines; domesticaban animales feroces y educaban a hombres salvajes, despertando en ellos amables instintos y artes de paz, convertían ríos impetuosos en tranquilas corrientes, y hasta llegaban a arrancar a las piedras de su inmovilidad para hacerlas mover al ritmo de sus cantos. Estos hombres debieron de ser al mismo tiempo oráculos y sacerdotes, legisladores y médicos, porque su arte mágico era capaz de penetrar la más profunda esencia de la realidad; conocían los secretos del futuro, las proporciones y la estructura natural de todas las cosas, y hasta las fuerzas interiores y las virtudes curativas de los números, de las plantas y de todas las criaturas. A partir de entonces la naturaleza, que hasta aquel momento había sido una selva en la que reinaba la confusión y la discordia, se llenó de múltiples y variados sonidos y de extrañas simpatías y proporciones. Y lo raro es que a pesar de que nos han quedado estas hermosas huellas que nos recuerdan la presencia en el mundo de

1. El poeta es el único hombre capaz de sentir la fuerza espiritual que mueve el mundo.

aquellos hombres bienhechores, su arte o su delicada sensibilidad ante la Naturaleza se hayan perdido. En aquel tiempo ocurrió, entre otras cosas, que uno de aquellos extraños poetas, o mejor diríamos músicos —porque podría ser que la música y la poesía fueran una misma cosa, o tal vez dos cosas que se necesitan mutuamente como la boca y el oído, pues la boca no es más que un oído que se mueve y que contesta—, ocurrió, digo, que aquél músico[1] quiso ir por mar a una tierra extranjera. Poseía gran cantidad de hermosas joyas y objetos de valor que le habían regalado como prueba de agradecimiento. Pero el brillo y la belleza de estos tesoros no tardaron en tentar la codicia de los marineros; hasta tal punto que se pusieron de acuerdo para apoderarse de ellos, repartírselos entre todos y arrojar al poeta al mar. Así que cuando estuvieron en alta mar se lanzaron sobre él y le dijeron que tenía que morir, que habían decidido arrojarle al agua. Él les suplicó una y otra vez que no le mataran, les dijo que les ofrecía todos sus tesoros como rescate y les auguró una gran desgracia si intentaban llevar a cabo su proyecto. Pero ni una cosa ni otra les hacía desistir de su plan, porque temían que, dejándolo con vida, algún día podría revelar su crimen. Viendo que los marineros estaban resueltos a llevar adelante su propósito les pidió que por lo menos antes de morir le permitieran cantar su último canto, y que luego él mismo, con su sencillo instrumento de madera, se arrojaría al mar delante de todos. Los marineros sabían muy bien que si llegaban a oír su canto mágico no serían capaces de matarlo, porque su corazón se ablandaría y se sentirían presos de remordimiento. Por esto decidieron otorgarle esta última gracia, pero resolvieron taparse los oídos mientras cantara; de este modo no oirían su voz y podrían persistir en su empeño. Y así ocurrió. El cantor entonó un canto bellísimo, infinitamente conmovedor. Todo el barco resonaba, resonaban también las olas; el sol y las estrellas aparecieron juntos en el cielo, de las verdes

1. Leyenda del Poeta Arión; se encuentra ya en Herodoto y en Ovidio.

aguas salían multitud de peces y monstruos marinos que danzaban al compás de aquella música. Sólo los marineros permanecían hostiles a aquella maravilla: con los oídos tapados esperaban impacientes el final del canto. El canto terminó. El poeta, con frente levantada y serena, y llevando en sus brazos el mágico instrumento, saltó al oscuro abismo. Apenas había tocado las resplandecientes ondas cuando un monstruo marino, agradecido por su música, cargó sobre su lomo al sorprendido cantor y se lo llevó nadando. Al poco rato había alcanzado ya la orilla a la que el poeta quería ir y lo dejó suavemente entre los juncos de la playa. El poeta se despidió de su salvador cantándole una alegre canción y se marchó de allí agradecido. Al cabo de un tiempo, paseando solo por la orilla del mar, se quejaba con dulces acentos de la pérdida de aquellas joyas que él quería tanto porque eran para él recuerdos de horas felices y muestras de amor y gratitud. Todavía no había terminado su canción cuando, de repente, oyó un murmullo en el agua: su antiguo amigo se acercaba nadando; el monstruo abrió sus fauces y dejó caer sobre la arena los tesoros que los marineros le habían robado. Éstos, después que el poeta se hubo arrojado al mar, empezaron en seguida a repartirse el botín. Este reparto originó una pelea que terminó en una lucha a muerte en la que perecieron la mayoría de ellos; los pocos que quedaron no pudieron hacerse con el barco, que se estrelló contra la costa y se hundió. Sólo después de muchas penalidades lograron salir con vida, llegando a tierra con los vestidos hechos jirones y con las manos vacías. Así es como, con la ayuda del agradecido animal, que buscó los tesoros por el mar, pudieron llegar éstos a manos de su antiguo dueño.

III

Después de una breve pausa, los mercaderes prosiguieron:

—Sabemos otra historia que, aunque es más reciente y sin duda no relata hechos tan maravillosos como los que acabáis de oír, con todo es posible que os guste y que os haga conocer un poco más los efectos de este extraordinario arte. Había una vez un rey que vivía en un espléndido palacio y estaba rodeado de una corte fastuosa. De todas las partes del mundo acudían multitud de hombres y mujeres que querían participar de la magnificencia y esplendor de aquella vida. En las fiestas, que allí eran diarias, no faltaba nunca la más gran profusión de exquisitos manjares, la más bella música, los trajes y adornos más lujosos ni los más variados espectáculos y diversiones; para acabar de hacer agradable la vida en aquel palacio hay que decir que reinaba en él una sabia ordenación de todas las cosas: varones prudentes, complacientes y eruditos entretenían a la gente y daban alma y vida a las conversaciones, y apuestos galanes y hermosas doncellas eran la verdadera alma de aquellas encantadoras veladas. El anciano rey, que por otra parte era un hombre grave y severo, tenía dos debilidades que eran el verdadero motivo de aquella vida espléndida y a las que se debía todo cuanto se hacía en palacio. Una de ellas era su hija, a la que amaba con indecible ternura por ser un vivo recuerdo de su esposa, muerta en plena juventud, y por ser una muchacha de inefable belleza y encanto. Por ella, por traerle el cielo a la tierra, el padre hubiera ofrecido todos los tesoros de la naturaleza y todo el poder del espíritu humano. La otra era su auténtica pasión por la poesía y por los poetas. Desde su juventud había leído con íntimo deleite las obras de éstos; había dedicado mucho tiempo y mucho dinero en coleccionar poesías de todas las lenguas, y desde siempre había preferido a cualquier otra la compañía de los trovadores. De todos los confines de la tierra los mandaba venir a su corte y los colmaba de honores. Nunca se cansaba de escuchar sus cantos, y era frecuente que por un canto nuevo de los que a él le arrebataban llegara a olvidar los asuntos más importantes, llegara a olvidarse incluso de comer y de beber. Su hija había crecido entre estas canciones y toda su alma se había convertido en una tierna melodía, en una sencilla expresión de melancolía y nostalgia. La benéfica influencia de aquellos poetas tan protegidos y honrados por el anciano monarca se hacía notar en todo el país, pero de un modo especial en la corte. Allí se saboreaba la vida a pequeños sorbos, como una bebida exquisita, y con un placer y una seguridad tanto más puros cuanto que todas las malas pasiones y los instintos hostiles eran conjurados como disonancias de la armonía que señoreaba en todos los espíritus. La paz del alma y la beatitud de la contemplación interior de un mundo feliz creado por el hombre eran el tesoro de aquella época maravillosa; y la discordia aparecía sólo en las viejas leyendas de los poetas como una antigua enemiga del hombre. Parecía como si los espíritus del canto no hubieran podido dar a su protector una mejor prueba de su amor y de su agradecimiento que aquella hija, que poseía todas las gracias que la más dulce fantasía pueda juntar en la delicada figura de una doncella. Cuando en aquellas hermosas veladas, rodeada de un bello cortejo y vestida con una resplandeciente túnica blanca, se la veía escuchar con profunda atención las justas poéticas de los enardecidos trovadores, y cómo, ruborizada, colocaba una fragante corona sobre los rizados cabellos del afortunado vencedor, pensaban todos que estaban ante el alma misma de aquel maravilloso arte, ante el espíritu que suscitaba aquellos versos mágicos, y dejaban de admirar los arrobamientos y las melodías de los poetas.

Sin embargo, sobre aquel paraíso en la tierra parecía flotar un misterioso destino. La única preocupación de los habitantes de aquellas regiones eran las nupcias de aquella princesa en flor: de ellas dependía la suerte de todo el reino y la continuidad de aquellos felices tiempos. El rey estaba cada día más viejo. Él mismo parecía muy preocupado por el matrimonio de su hija; sin embargo, no se veía por el momento ninguna posibilidad que pudiera satisfacer los deseos de todos. El sagrado respeto que infundía la casa del rey impedía que ninguno de los súbditos se atreviera siquiera a pensar en la posibilidad de poseer algún día a la princesa. Todo el mundo la veía como un ser sobrenatural, y los príncipes de otros países que en aquella corte habían manifestado deseos de casarse con la hija del rey parecían estar tan por debajo de ella que a nadie se le ocurría imaginar que la princesa o el rey pudieran fijarse en ellos. El sentimiento de distancia que se tenía en aquella corte había ido apartando a todos los pretendientes, y la fama del gran orgullo de aquella familia real, que se había extendido por todos los reinos, parecía cohibir a los otros, temerosos como estaban de no ir más que a buscar una humillación. Y totalmente infundada no era esta fama. El rey, a pesar de toda su bondad y dulzura, estaba, sin casi él notarlo, poseído de un sentimiento de superioridad tan grande que no podía concebir la idea de casar a su hija con un hombre de inferior condición o de cuna menos noble; el simple pensamiento de esta posibilidad se le hacía insoportable. El gran valor de aquella doncella, sus cualidades excepcionales no habían hecho más que afianzar este sentimiento en el anciano monarca. Procedía de una antigua estirpe real de Oriente. Su esposa había sido la última rama de la descendencia del famoso héroe Rustan[1]. En sus cantos, los poetas le habían hablado siempre de su parentesco con aquellos seres sobrehumanos que un día habían sido señores del mundo; y en el mágico espejo de la poesía, la distancia entre su estirpe y la de los otros hombres, la majestad y esplendor de su ascendencia brillaban con tal intensidad que le parecía que la noble casta de los poetas era el único vínculo que le unía con el resto de la humanidad. Inútilmente buscaba un segundo Rustan; al mismo tiempo veía que el corazón en flor de su hija, el estado de su reino y su avanzada edad hacían desear, en todos los aspectos, el matrimonio de la doncella.

No muy lejos de la corte, en una hacienda apartada, vivía un anciano cuya sola ocupación era la educación de su único hijo; aparte de esto daba consejos a los campesinos que se encontraban en casos graves de enfermedad. Su hijo era un muchacho de talante serio que vivía entregado totalmente al estudio de la Naturaleza, ciencia en la que su padre le había instruido desde la infancia. Hacía ya varios años que el anciano había llegado desde lejanas tierras a aquel país pacífico y próspero, y no anhelaba otra cosa que gozar de la dulce paz y del sosiego que el monarca infundía en todo su reino. Aprovechaba aquella situación para estudiar las fuerzas secretas de la Naturaleza y transmitir a su hijo aquellos apasionantes conocimientos; éste revelaba una gran disposición para estos estudios, y parecía que la Naturaleza manifestara una especial predisposición para confiar sus enigmas a un espíritu tan profundo como el suyo. El aspecto exterior del muchacho no llamaba la atención en nada: sólo el que tuviera un sentido especial para descubrir la secreta condición de su noble espíritu y la desusada claridad de su mirada habría sido capaz de ver en él algo especial. Cuanto más se le miraba mayor atracción se sentía por él, y nadie podía separarse de su lado cuando escuchaba su voz penetrante y dulce y su discurso fácil y atrayente.

1. Rustan, uno de los héroes más importantes de la épica iránica.

Los jardines de la princesa llegaban hasta el bosque que ocultaba la vista del pequeño valle en el que se encontraba la hacienda del viejo. Un día, la princesa se había ido a pasear a caballo por el bosque; iba sola: de este modo podía, con mayor tranquilidad, ir siguiendo el hilo de sus fantasías e ir repitiendo algunos de los cantos que le habían gustado. El frescor de aquel profundo bosque hacía que se fuera adentrando más y más en sus sombras; de este modo llegó a la hacienda en la que vivían el anciano y su hijo. Tenía sed; bajó del caballo, lo ató a un árbol y entró en la casa a pedir un poco de leche. El muchacho, que se encontraba en aquel momento allí, casi se asustó al ver ante sus ojos la imagen encantadora de una mujer majestuosa, adornada con todos los encantos imaginables de juventud y belleza, y divinizada, casi, por la transparencia indefiniblemente atractiva de un alma pura, inocente y noble. El muchacho se apresuró a satisfacer aquella súplica, que en la voz de la doncella había sonado como un canto celeste; mientras tanto, con un gesto modesto y respetuoso, el anciano se acercó a la muchacha y la invitó a sentarse junto a una sencilla lumbre que estaba en el centro de la casa y en la que ardía, silenciosa y juguetona, una leve llama azul. Con sólo entrar, la doncella se sintió sorprendida por las mil cosas curiosas que adornaban la estancia, por el orden y la pulcritud del conjunto y por un cierto aire como religioso que impregnaba toda la pieza; la sencillez en el vestir de aquel venerable anciano y el discreto continente de su hijo corroboraron esta primera impresión. El padre la tomó enseguida por una persona de la corte, por la riqueza de sus vestiduras y por la nobleza de su porte.

Mientras el hijo había ido por leche, la princesa preguntó sobre algunas de las cosas que más le habían llamado la atención, especialmente por unos cuadros antiguos y curiosos que estaban junto al hogar al lado de la silla que le había ofrecido el anciano; éste se los enseñó con gran amabilidad y con explicaciones que atraían vivamente la atención de la doncella.

El joven volvió pronto con una jarra de leche fresca y se

la ofreció a la muchacha con un gesto a la vez sencillo y respetuoso.

Después de haber tenido una agradable conversación con los dos, la princesa, con la misma expresión de dulzura con que se había presentado a ellos, les dio las gracias por su amable hospitalidad y, ruborizada, les pidió que la dejaran volver, porque quería gozar de nuevo de aquellas explicaciones que tantas cosas interesantes le decían sobre las cosas admirables que se encontraban en aquella casa; y subiendo al caballo se marchó sin haber dicho quién era, porque se dio cuenta de que ni el padre ni el hijo habían advertido que era la hija del rey. A pesar de que la capital estaba tan cerca, tanto el padre como el hijo habían procurado evitar siempre el tumulto de la gente, sumidos como vivían en sus estudios, y el muchacho nunca había sentido deseos de tomar parte en las fiestas de la corte: no se separaba nunca de su padre más que una hora al día, como máximo, para pasearse por el bosque, buscando mariposas, insectos y plantas, a veces, y escuchando la tranquila voz de la Naturaleza a través de sus múltiples y varios encantos externos.

El sencillo acontecimiento de aquel día había dejado huella en el alma de los tres. El anciano se había dado cuenta enseguida de la profunda impresión que la desconocida había causado en su hijo, y lo conocía lo bastante para saber que una impresión como aquella había de durar en él toda su vida. Sus pocos años y la naturaleza de su corazón habían de convertir en inclinación invencible una primera impresión como la que había tenido aquel día[1]. Ya hacía tiempo que el anciano esperaba esto. La extremada gentileza y bondad de aquella aparición le infundían, sin él mismo darse cuenta, una íntima simpatía por aquel naciente amor, y su espíritu, confiado, alejaba de él toda preocupación por las consecuencias que pudiera tener aquel encuentro fortuito.

La princesa, cabalgando hacia palacio, sentía algo que no

1. En esta narración se encuentra prefigurado el amor de Enrique por Matilde (cap. VI y ss.).

había sentido nunca: se abría ante ella un mundo nuevo; una sensación única, como de claroscuro, maravillosamente móvil y vivaz, le impedía pensar propiamente en nada. Un velo mágico envolvía, con amplios pliegues, su conciencia, hasta entonces tan clara; le parecía que si este velo se levantara iba a encontrarse en un mundo sobrenatural. El recuerdo de la poesía, el arte que hasta aquel momento había ocupado toda su alma, se había convertido en un canto lejano que enlazaba su pasado con el extraño y dulce sueño de ahora.

Cuando llegó a palacio se sintió como asustada, casi, ante la magnificencia de aquella corte y el esplendor y brillantez de la vida que en ella se llevaba, pero más que nada la asustó también la bienvenida que le dio su padre: por primera vez en su vida el rostro del monarca infundía en ella un respeto mezclado de temor. Le parecía absolutamente necesario no decir ni una sola palabra sobre su aventura. Todo el mundo estaba demasiado acostumbrado a su seriedad soñadora, a su mirada perdida en fantasías y profundas meditaciones para notar en ella nada extraordinario. Ya no se encontraba en aquel dulce estado de espíritu en que se encontraba antes: todos los que la rodeaban le parecían desconocidos; una extraña angustia la estuvo acompañando todo el día, hasta que por la noche la alegre canción de un poeta que exaltaba la esperanza y cantaba los milagros de la fe en el cumplimiento de nuestros deseos la llenó de un dulce consuelo y la meció en el más agradable de los sueños.

El muchacho, por su parte, en cuanto se hubo despedido de ella, se adentró enseguida en el bosque; escondido en los matorrales que rodeaban el camino, había seguido a la princesa hasta la puerta del jardín de palacio; luego volvió a casa por el mismo camino que había recorrido la doncella. De repente vio a sus pies una cosa que brillaba vivamente. Se inclinó a cogerla: era una piedra de color rojo oscuro que por un lado lanzaba fuertes destellos y por el otro tenía grabadas unas cifras ininteligibles. El muchacho la miró: era una gema de gran precio que le pareció haber visto en la parte central del collar que llevaba la desconocida. Como si tuviera alas en los pies, y como si la doncella estuviera todavía en su casa, el muchacho corrió a toda prisa a enseñar la piedra a su padre. Los dos acordaron que a la mañana siguiente el joven volvería al camino en el que había encontrado la piedra y esperaría a ver si alguien iba en busca de ella; si no, la guardarían hasta la próxima visita de la desconocida para devolvérsela a ella directamente.

El muchacho estuvo casi toda la noche contemplando la gema; al amanecer sintió deseos irreprimibles de escribir algunas palabras en la hoja en la que iba a envolver la piedra. Él mismo no sabía exactamente qué querían decir aquellas palabras que escribió:

Un signo misterioso está grabado
profundamente en la sangre ardiente de esta piedra;
se puede comparar a un corazón
en el que descansa la imagen de la Desconocida.

En torno a aquélla brillan mil centellas,
en torno a éste un torrente de luz.
Aquélla oculta un gran resplandor,
¿conseguirá éste el corazón de su corazón?

Apenas despuntó el día, el muchacho se puso en camino y se dirigió a toda prisa a la puerta del jardín del palacio.

Entre tanto, la noche anterior, al desvestirse, la princesa notó que en su collar faltaba aquella piedra preciosa que era a la vez un recuerdo de su madre y un talismán cuya posesión le aseguraba la libertad de su persona, de tal modo que con él no podía caer en poder de nadie contra su voluntad.

Aquella pérdida le causó sorpresa más que temor. Se acordaba de que el día anterior, en aquel paseo que había dado por el bosque llevaba todavía aquella piedra, y estaba segura de que debía haberla perdido o bien en la casa del anciano o bien en el bosque, de regreso al palacio; todavía recordaba muy bien el camino; así que decidió salir de buena mañana a buscar la piedra, y esta idea la puso tan contenta que casi parecía que se alegraba de la pérdida de aquella joya: así tenía ocasión de volver a recorrer aquel camino.

Con la primera luz del día, atravesó la princesa el jardín de palacio y se dirigió al bosque; como andaba más deprisa de lo acostumbrado, encontró muy natural que su corazón latiera fuertemente y que sintiera una opresión en el pecho. Empezaba el sol a dorar las copas de los viejos árboles, que se agitaban con un suave murmullo como si quisieran despertarse unos a otros de sus sueños nocturnos para saludar todos juntos al gran astro, cuando la princesa, sorprendida por un ruido lejano, levantó la vista y vio cómo el muchacho, que en aquel momento la había visto también a ella, corría a su encuentro.

Como clavado en el suelo, permaneció quieto unos momentos mirando fijamente a la doncella; parecía que quisiera convencerse de que era realmente ella a quien tenía ante sus ojos y no a una visión ilusoria. El muchacho y la doncella se saludaron con una expresión contenida de alegría como si hiciera ya tiempo que se conocieran y se amaran. Antes de que la princesa pudiera explicarle el motivo de su paseo matinal, el joven, ruboroso y palpitante de emoción, le entregó la piedra envuelta en el papel que contenía los versos escritos la noche anterior. Parecía como si la princesa adivinara ya lo que éstos decían. La doncella tomó el envoltorio con mano temblorosa y, como sin darse cuenta, casi, premió el feliz hallazgo del muchacho colgándole una cadena de oro que llevaba ella en el cuello. Turbado y confuso se arrodilló él a sus pies, y cuando la princesa le preguntó por su padre el muchacho estuvo unos instantes sin poder articular una sola palabra. Ella, bajando la vista, le dijo a media voz que volvería pronto a su casa, que tenía grandes deseos de aprovechar el ofrecimiento que le había hecho su padre de enseñarle todas aquellas cosas que había visto en su primera visita.

La princesa volvió a dar las gracias al muchacho, con extremada efusión, y sin volver la vista se encaminó lentamente al palacio. El muchacho no pudo proferir palabra alguna. Hizo una profunda inclinación de cabeza y fue siguiendo a la doncella con la vista durante un buen tiempo, hasta que desapareció entre los árboles.

Pocos días después la princesa fue por segunda vez a casa del anciano, y a esta visita siguieron otras. El muchacho acabó acompañándola en todos estos paseos. A una hora convenida la recogía en la puerta del jardín, y luego la volvía a acompañar a palacio. A pesar de la gran confianza que ella iba teniendo hacia su compañero, hasta el punto de que ninguno de los pensamientos de su alma celestial permanecían ocultos al joven, la doncella guardaba un silencio impenetrable sobre su condición de hija del rey. Parecía como si su elevada cuna le infundiera a ella misma un secreto temor. Por su parte el muchacho le entregaba también toda su alma. Padre e hijo la tomaban por una doncella noble de la corte. Ella profesaba al anciano el cariño de una hija. Las caricias que le hacía eran como dulces presagios de la ternura que sentiría hacia su hijo. No tardó en convertirse en un miembro más de aquella maravillosa casa; con voz celestial y acompañándose de un laúd, cantaba dulces canciones al anciano y a su hijo; éste, sentado a los pies de la muchacha, escuchaba lo que le decía ésta sobre el dulce arte de la poesía; ella, a su vez, oía de los ardorosos labios del muchacho la clave de los misterios que la Naturaleza expande por doquier. Le enseñaba de qué modo el mundo había surgido por las extrañas simpatías que existían entre los elementos, y cómo los astros se habían dispuesto en melodiosos corros. Y toda la historia de la formación del mundo aparecía en el espíritu de ella a través de aquellas sagradas explicaciones. La doncella se quedaba como extasiada cuando su alumno, en los momentos de mayor inspiración, cogía a su vez el laúd y con un arte increíble prorrumpía en los más bellos cantos.

Un día, acompañándola al palacio, el muchacho sintió

que una fuerza especial se apoderaba de él y le infundía una desacostumbrada osadía; también la habitual reserva y discreción de la doncella se sintieron aquel día desbordados por un amor más fuerte que de costumbre: así fue como, sin saber ellos mismos de qué modo, cayeron uno en brazos del otro, y un ardiente beso de amor, el primero, fundió para siempre aquellos dos seres en uno.

De repente el cielo se oscureció y un viento huracanado empezó a rugir en las copas de los árboles. Espesos nubarrones corrían en dirección hacia ellos trayendo la oscuridad de la noche: una gran tormenta se cernía sobre ellos. El muchacho se afanaba por poner a la doncella a salvo de aquella terrible tempestad y del peligro de que los árboles que arrancaba pudieran herirla; pero la gran oscuridad y el miedo de que pudiera ocurrirle algo a su amada hicieron que no acertara a encontrar el camino y fuera adentrándose cada vez más en el bosque. Su miedo iba creciendo conforme se iba dando cuenta de su error. La princesa pensaba en la angustia del rey y de la gente de palacio. A veces, como una espada, un terror indescriptible atravesaba su corazón; sólo la voz de su amado, que no cesaba de consolarla, lograba devolverle el ánimo y la confianza, y aliviar la opresión de su pecho. La tempestad seguía rugiendo; todos los esfuerzos por encontrar el camino eran inútiles, y los dos enamorados se sintieron felices al descubrir, a la luz de un rayo, una cueva que, no lejos de ellos, se abría en la escarpada pendiente de una colina cubierta de bosque; allí esperaban encontrar un refugio seguro contra los peligros de la tempestad y un lugar de reposo para sus exhaustas fuerzas. La suerte les fue propicia. La cueva estaba seca y cubierta de limpio musgo. El muchacho encendió enseguida un fuego con musgo y pequeñas ramas secas, junto al cual pudieron secarse. Los dos enamorados se encontraban así solos, uno junto a otro, en un deleitoso apartamiento del mundo, a salvo de peligro, en un lugar tibio y confortable.

En el fondo de la cueva colgaba un matojo de almendro silvestre cargado de fruto, y no lejos de él encontraron un hilillo de agua fresca para calmar su sed. El muchacho llevaba el laúd, y este instrumento les deparó un esparcimiento alegre y sosegado junto al crepitar del fuego. Una fuerza superior parecía querer soltar rápidamente todo nudo dejando que los amantes se abandonaran a la romántica situación a la que el azar les había llevado. La inocencia de sus corazones, el estado de especial encantamiento en que se encontraban sus almas y la irresistible fuerza de la dulce pasión juvenil que les unía, les hizo olvidar pronto el mundo y sus relaciones, y, mecidos por el canto nupcial de la tempestad y bajo las antorchas festivas de los rayos, les sumió en la más dulce embriaguez que haya podido gozar jamás ninguna pareja mortal.

El alborear de una mañana azul y luminosa fue para ellos como el despertar en un mundo nuevo y feliz. Sin embargo, un torrente de ardientes lágrimas que brotaron de los ojos de la princesa le revelaron al muchacho las mil cuitas que se despertaban también en el corazón de ella. Aquella noche había representado para él como una serie de años: de mozo se había convertido en hombre. Con gran exaltación consolaba a su amada recordándole lo sagrado del verdadero amor, la gran fe que infundía en los corazones de los hombres, y pidiéndole que tuviera confianza en el espíritu que protegía su corazón y esperara de él el más sereno porvenir. La princesa sintió la verdad de las palabras de consuelo del muchacho y le confesó que era la hija del rey y le dijo que lo único que le infundía temor era el orgullo de su padre y la aflicción que habría de causarle aquel amor. Después de meditarlo larga y profundamente, convinieron en lo que había de hacer, y el muchacho se puso inmediatamente en camino para ir a encontrar a su padre y explicarle sus planes. Prometiendo a la princesa volver muy pronto con ella, la dejó sosegada y en medio de dulces pensamientos sobre lo que iba a suceder después de los acontecimientos de aquel día.

El muchacho no tardó en llegar a casa de su padre; el anciano se alegró de verle llegar sano y salvo, escuchó el relato de lo que había sucedido aquel día y de lo que los dos enamorados pensaban hacer, y, después de meditarlo unos momentos, le dijo que estaba dispuesto a ayudarle. Su casa estaba en un lugar bastante escondido y tenía algunas habitaciones subterráneas en las que podía ocultarse fácilmente una persona. Allí viviría la princesa. Así que al anochecer fueron a buscarla. El anciano la acogió con gran emoción. Luego, una vez se encontró sola en aquel refugio, la joven solía llorar siempre que se acordaba de su padre y de la tristeza que el viejo rey sentiría por la ausencia de su hija; sin embargo, a su amado le ocultaba este dolor; sólo hablaba de ello con el anciano, el cual la consolaba amorosamente, diciéndole que pronto volvería con su padre.

Entre tanto, en palacio hubo una gran consternación cuando por la noche notaron la falta de la princesa. El rey estaba fuera de sí, y mandó gente a buscarla por todas partes. Nadie supo dar razón de su desaparición. A nadie se le ocurría que una aventura amorosa pudiera ser la causa de aquella ausencia; nadie pensaba tampoco en un posible rapto, tanto más cuanto que en la corte no faltaba más que ella. No había lugar a la más leve sospecha. Los mensajeros mandados por el rey volvieron con las manos vacías, y el monarca cayó en una profunda tristeza.

Sólo cuando al atardecer comparecían ante él los trovadores con algunas de sus bellas canciones, en el rostro del anciano parecía dibujarse levemente la alegría de antes: le parecía ver cerca de él a su hija, y con aquellos cantos cobraba la esperanza de volver a verla pronto. Pero cuando de nuevo se encontraba solo se le partía otra vez el corazón de pena y lloraba con grandes sollozos. «¿De qué me sirve —pensaba para sí— toda la magnificencia de mi corte y toda la gloria de mi estirpe si ahora soy más desdichado que ningún otro hombre? Nada puede suplir la falta de mi hija. Sin ella hasta los cantos de los trovadores no son más que palabras vacías y vanos artificios. Ella era el milagro que daba a estos cantos vida y alegría, forma y poder. ¡Quién pudiera ser el más humilde de mis siervos! Entonces tendría todavía a mi hija, y a lo mejor también un yerno, y nietos sentados sobre mis rodillas: entonces sí sería rey, no ahora. No son la corona y el imperio lo que hacen a un hombre rey. Es aquel sentimiento, total y desbordante, de felicidad y paz, de satisfacción por los bienes que la tierra nos da, de ausencia de ambición. Esto es un castigo por mi soberbia. No tuve bastante con la pérdida de mi mujer. Y heme aquí ahora sumido en una miseria sin límites.»

Así se quejaba el rey en sus momentos de más ardiente nostalgia. A veces le salía de nuevo su antigua severidad y su orgullo. Encolerizado ante sus propias quejas, quería sufrir y callar como un rey; creía que su dolor era mayor que el de cualquier otro, y que era cosa que correspondía a un rey el sufrir más que nadie. Pero luego, al anochecer, cuando entraba en las habitaciones de su hija y veía sus vestidos colgados, y todas sus pequeñas cosas colocadas sobre las mesas, como si la doncella acabara de salir de allí, olvidaba todos sus propósitos, perdía su continente real y llamaba a sus más humildes criados y les pedía que se compadecieran de él. Y toda la ciudad, todo el reino lloraban y gemían de todo corazón con el monarca.

Y ocurrió, curiosamente, que por todo el país corría una leyenda que decía que la princesa estaba viva y que volvería pronto con un esposo. Nadie sabía de dónde venía aquella leyenda, pero todo el mundo se atenía a ella con alegre confianza hasta el punto que todos esperaban con impaciencia el pronto regreso de la hija del rey[1]. Así pasaron muchas lunas hasta que volvió la primavera. «Apuesto lo que queráis —decían algunos con extraño optimismo— a que con la primavera vuelve también la princesa». Hasta el mismo rey estaba más sereno y más esperanzado. La leyenda se le antojaba la promesa de un poder bienhechor. Las antiguas fiestas recomenzaron; para que en la corte volviera a florecer el esplendor de antes parecía que sólo faltaba la princesa.

Una noche, justamente el día que se cumplía el año de la

1. Adviértase que, según el sistema novaliano, la poesía precede a la realidad, porque lo que mueve la realidad es, precisamente, la poesía.

desaparición de ésta, se encontraba toda la corte reunida en el jardín. El aire era tibio y sereno; tan sólo una leve brisa se dejaba oír allí arriba, en las copas de los viejos árboles, como si fuera el anuncio de un alegre cortejo que se acercara desde la lejanía. En medio de la luminaria de las antorchas y esparciendo miles de centellas por doquier, hasta la oscuridad de las sonoras copas, se levantaba un gran surtidor; el ruido del agua acompañaba la música de los múltiples y variados cantos que sonaban bajo aquella fronda. El rey estaba sentado sobre una rica alfombra, y entorno a él, con sus vestidos de gala, se hallaba reunida toda la corte. Una gran multitud llenaba completamente el jardín en torno a aquel gran espectáculo. Aquella noche, precisamente, se encontraba el rey sumido en profundos pensamientos: con mayor claridad que nunca veía ante sus ojos la imagen de su hija ausente; pensaba en los días felices que, hacía entonces justamente un año, habían terminado de un modo tan inesperado. Se sentía poseído de una gran nostalgia, y abundantes lágrimas bañaban su venerable rostro, pero al mismo tiempo sentía también una extraña serenidad: le parecía como si aquel año de tristezas no hubiera sido más que un mal sueño, y levantaba la vista como si quisiera buscar entre la gente y los árboles la imagen excelsa, sagrada, encantadora de su hija. En aquel momento los trovadores acababan de terminar sus cantos; un profundo silencio parecía delatar la emoción de todos, porque los poetas habían cantado las alegrías del retorno, de la primavera y del futuro, que engalana las esperanzas de los hombres.

De repente el suave sonido de una hermosa voz, desconocida de todos y que parecía llegar de bajo la fronda de una encina secular, interrumpió el silencio del jardín. Todos dirigieron la mirada hacia el lugar de donde provenía la voz y vieron a un muchacho vestido de un modo sencillo, aunque desusado, que, con un laúd en las manos, proseguía tranquilamente su canción; al advertir que el rey dirigía hacia él su mirada, le correspondió con una profunda inclinación de cabeza. Su voz era extraordinariamente bella y su canción tenía un aire extraño y maravilloso. Hablaba del origen del mundo, de la aparición de los astros, de las plantas, de los animales y de los hombres; de la simpatía omnipotente de la Naturaleza, de la edad de oro y de sus dioses: Amor y Poesía; de la aparición del odio y la barbarie, y de la guerra que estas fuerzas tuvieron con aquellas divinidades bienhechoras, y, finalmente, de la victoria de estos últimos que en el futuro traería el fin de toda aflicción, la nueva juventud de la Naturaleza y el retorno de una edad de oro que no tendría fin.

Mientras tanto, como fascinados por aquel canto, los viejos poetas se habían ido acercando en torno a aquel misterioso extranjero. Un entusiasmo jamás sentido se apoderaba de todos los espectadores, y el mismo rey se sentía como transportado por un torbellino celestial. Nunca se había oído un canto como aquél, y todos creían estar ante un ser del otro mundo, tanto más porque, conforme avanzaba su canto, el muchacho parecía volverse cada vez más hermoso, más espléndido, y su voz cada vez más potente. La brisa jugaba con sus rizos dorados. Entre sus manos el laúd parecía cobrar vida, y su mirada, como embriagada, parecía sumida en la contemplación de un mundo escondido. Hasta la misma inocencia, como de niño, y la sencillez de su rostro les parecía a todos venir de otro mundo. El canto terminó. Los ancianos poetas abrazaban fuertemente al muchacho llorando de alegría. Un júbilo íntimo, callado, corría por toda la multitud. El rey se acercó conmovido al joven. Éste se arrojó humildemente a sus pies. El rey le hizo levantar, lo abrazó de todo corazón y le dijo que le pidiera una gracia. Él, ruborizado, le pidió que le hiciera la merced de escuchar otra canción, y que después de haberla oído decidiera sobre lo que le iba a pedir. El monarca retrocedió unos pasos y el extranjero empezó:

El trovador va por ásperos senderos,
su túnica se rasga entre zarzales,

ha de cruzar torrentes y pantanos
y nadie quiere tenderle la mano.

Solitario y sin rumbo, su corazón cansado
derrama el gran torrente de sus quejas;
apenas puede ya sostener el laúd
y un profundo dolor se apodera de él.

«Triste es la suerte que me dio el destino:
andar errante, no tener a nadie,
a todos llevar paz y diversión
y que nadie conmigo las comparta.
Por mí, sólo por mí, es por quien el hombre
se alegra de su vida y de su hacienda.
Y así, cuando me dan limosna escasa,
crece la súplica en mi corazón.

Indiferentes me dejan marchar
igual que ven pasar la primavera,
y ninguno por mí se inquietará
cuando, apenado, me aleje de ellos.
Ansían solamente la cosecha
y no saben que soy yo quien la ha sembrado;
yo puedo en un poema el cielo darles,
y ellos ni una oración rezan por mí.

Lleno de gratitud siento en mis labios
poderes mágicos: de mí no se separan.
¡Oh si sintiera también en mi mano derecha
los lazos mágicos del amor!
Pero nadie se ocupa del menesteroso
que llegó hambriento de un país lejano.
¿Qué corazón se apiadará de él
y le librará de su dolor profundo?

El cantor cae entre las altas hierbas
y se duerme con llanto en las mejillas,
pero, el Espíritu divino de sus cantos

planea sobre él y le consuela:
«Olvida desde ahora tus dolores,
pronto te verás libre de tus cargas;
lo que en vano buscaste por las cuevas
lo encontrarás ahora en el palacio.

Cerca estás ya de la gran recompensa,
tu senda tortuosa terminará muy pronto;
tu corona de mirto va a ser una diadema,
la más fiel de las manos se posa sobre ti.
Un corazón sonoro está llamando
a convertirse en la gloria de un trono;
el poeta va subiendo las ásperas gradas,
el poeta se convierte en el hijo del rey»[1].

Al llegar a estos versos un extraño pasmo se había apoderado de todos: durante las últimas estrofas había aparecido un anciano que acompañaba a una figura femenina, cubierta con un velo, de noble porte y con un hermosísimo niño en brazos. El anciano y la dama se habían colocado detrás del cantor; el niño miraba sonriente a aquella multitud, extraña para él, y alargaba sus manecitas hacia la resplandeciente diadema que el rey llevaba sobre su cabeza. Pero el pasmo de todos fue todavía mayor cuando, de repente, el águila preferida del rey, la que él llevaba siempre consigo, descendió de entre aquellos grandes árboles llevando en el pico una cinta dorada que debió de haber cogido de las habitaciones de palacio; el ave se posó sobre la cabeza del muchacho y dejó caer la cinta sobre sus rizados cabellos. Este se asustó por unos momentos; el águila, sin la cinta ya, fue a colocarse al lado del rey. El niño alargaba sus brazos pidiendo la cinta; el muchacho se la dio, y luego, hincando las rodillas ante el rey y con voz conmovida, prosiguió su canto de esta manera:

1. Una vez más: lo que el espíritu del canto le dice al muchacho, en sueños, es lo que ocurrirá en la realidad.

Dejando el trovador sus bellos sueños
con alegre impaciencia se levanta,
bajo los grandes árboles camina
hacia el portal de bronce del palacio.
Los muros son pulidos como acero,
pero él con su canción puede escalarlos
y pronto, entre amorosa y dolorida,
baja la hija del rey hasta sus brazos.

Amor estrechamente los enlaza;
les hace huir el fragor de los guerreros.
Ambos se entregan a las dulces llamas
en su refugio de la noche calma.
Y temerosos, quedan escondidos,
pues la ira del rey los amedranta.
Así, para el dolor y para el gozo,
les llega el despertar cada mañana.

El trovador con suaves melodías
a la joven madre da esperanza.
Un día atraído por los cantos,
allí ha llegado el rey hasta la cueva.
Su hija, al nieto de dorados rizos
le ofrece apartándolo del pecho;
con dolor y con miedo ambos se postran,
y el enfado del rey se desvanece.

Amor y Poesía han ablandado
aun sobre el trono al corazón de un padre;
y rápido sigue, con muy dulce apremio,
al profundo dolor eterno gozo.
Los bienes que habían sido arrebatados
Amor con rica usura los devuelve;
de alegría y perdón son los abrazos;
felicidad del cielo los envuelve.

¡Genio del canto, vuelve a la tierra!
Una vez más Amor te necesita:

para que en su rey encuentre a un padre
retorna al hogar la hija perdida;
que con alegría la tome en sus brazos,
que tenga piedad de su tierno niño,
y, cuando de amor su corazón desborde,
al trovador abrace como a un hijo.

Al decir estas palabras, que resonaron dulcemente por las umbrosas alamedas del jardín, el muchacho levantó con mano temblorosa el velo que cubría la figura femenina que estaba junto al anciano. La princesa, deshecha en lágrimas y mostrándole el hermoso niño que llevaba en sus brazos, se arrojó a los pies del monarca. El trovador, con la cabeza inclinada, se arrodilló a su lado. Un medroso silencio parecía cortar el aliento de todos. El rey permaneció unos momentos silencioso y grave; luego, entre grandes sollozos, tomó a la princesa en sus brazos y la estrechó fuertemente contra su pecho; así permaneció largo tiempo. Después hizo levantar al muchacho y lo abrazó tiernamente. La multitud, exultando de júbilo, se apiñó en torno al monarca y los jóvenes esposos. El rey cogió al niño en brazos y lo levantó en alto como presentándolo devotamente al cielo; luego saludó amablemente al anciano. Todo el mundo lloraba de alegría. Los poetas prorrumpieron en cantos; y para aquel país, aquella noche fue como la sagrada vigilia de una vida que desde entonces fue sólo una hermosa fiesta.

Nadie sabe qué ha sido de aquel país. Las leyendas dicen sólo que la Atlántida desapareció de los ojos de los hombres bajo las aguas del Océano.

IV

Los viajeros hicieron algunas jornadas sin interrupción. El camino era firme y seco, el cielo estaba sereno, el aire, fresco y agradable; atravesaban regiones fértiles, bien pobladas y de variado aspecto. Habían dejado atrás la inmensa selva de Turingia. Los mercaderes habían hecho muchas veces aquel camino; en todas partes tenían gente conocida, y en todas partes eran bien recibidos. Evitaban las regiones solitarias y amenazadas por los bandoleros, y si no tenían más remedio que atravesarlas tomaban una escolta que, llegado el caso, pudiera defenderles. Conocían también a los señores de algunos de los castillos cercanos al camino; iban a visitarlos, y ellos les preguntaban por sus negocios con los ausburgueses y les recibían con amable hospitalidad. Las esposas y las hijas de los castellanos rodeaban curiosas a los extranjeros. La madre de Enrique se ganaba enseguida la amistad de todas ellas con su carácter amable y complaciente. Les gustaba encontrar una mujer de la ciudad que lo mismo estaba dispuesta a hablarles de las últimas novedades de la moda que a enseñarles a guisar unos platos. Tanto los caballeros como sus esposas alababan la discreción y los modales sencillos y dulces de Enrique: su cautivante figura causaba en ellas una impresión duradera. Era como la palabra sencilla de un desconocido a la que uno de momento casi no presta atención, pero que luego, mucho tiempo después de haberse marchado éste, es como un capullo que va abriéndose cada vez más hasta convertirse al fin en una espléndida flor de resplandecientes colores y apretadas hojas; una palabra que ya no se olvida, que uno no se cansa de repetir y en la que se encuentra un tesoro inagotable y siempre actual. A continuación quiere uno reconstruir la imagen del desconocido, y busca y rebusca en su mente hasta que de pronto comprende claramente que era un habitante de un mundo superior.

Los mercaderes recibían muchos encargos; siempre se despedían con gran cordialidad y deseando volver a verse pronto. En uno de estos castillos, al que llegaron al atardecer, tuvieron una acogida alegre y festiva. El señor de la casa había sido hombre de armas, y ahora divertía y celebraba los ocios de la paz y la soledad de su vivienda con frecuentes banquetes; aparte el fragor de la guerra y la caza, no conocía otra diversión que el vino. Recibió a los visitantes con franca cordialidad, en medio del tumulto de los invitados. La madre de Enrique se fue con la señora de la casa, y los mercaderes y el muchacho se sentaron en torno a aquella alegre mesa, por la que corría el vino en abundancia. A Enrique, después de suplicarlo éste mucho, y en atención a sus pocos años, se le permitió comportarse con su habitual moderación; los mercaderes, en cambio, no se mostraron remisos con el vino añejo de Franconia. La conversación versó sobre pasadas aventuras de guerra. Enrique escuchaba con atención la narración de aquellas hazañas, que para él resultaban nuevas. Los caballeros hablaban de los Santos Lugares, de los milagros del Santo Sepulcro, de las aventuras de su viaje por tierra y por mar, de cómo algunos habían caído en poder de los sarracenos, y de la vida alegre y maravillosa que llevaban en los campamentos y en las batallas. Con gran energía se mostraban indignados de que aquellos Lugares Santos, que eran la cuna de la Cristiandad, estuvieran todavía en las sacrílegas manos de los infieles. Ensalzaban a los grandes héroes que con su lucha esforzada y constante contra este pueblo impío habían merecido una corona imperecedera en la gloria. El señor del castillo les mostró una riquísima espada que él, con su propia mano, había arrebatado a uno de los caudillos de este pueblo, después de haberle dado muerte, haber conquistado su fortaleza y haber hecho prisioneros a su mujer y a sus hijos; les contó que el emperador le había concedido poner esta espada en su escudo de armas. Todos contemplaron atentamente la preciosa arma; también Enrique, que la tomó en sus manos y se sintió poseído de un ardor bélico. El muchacho la besó con profunda unción. Todos se alegraban de ver la emoción que aquella espada le causaba. El anciano caballero le abrazó y le animó a que también él consagrara para siempre su brazo a la lucha por la libertad del Santo Sepulcro, y a que cargara sobre sus espaldas la cruz milagrosa. Enrique estaba atónito y parecía no poder soltar aquella espada. «Mira, hijo mío —le dijo el anciano caballero—: está a punto de salir una nueva cruzada. El emperador mismo va a ser quien conduzca nuestras huestes a Oriente. Por toda Europa resuena de nuevo el grito de la Cruz, y un fervor heroico surge por todas partes. Quién sabe si, tal vez, dentro de un año, nos encontraremos todos en la gran Jerusalén, la ciudad más hermosa del mundo, celebrando nuestra victoria contra el infiel con nuestro vino y acordándonos de nuestro país. Tendrás ocasión de verme al lado de una muchacha oriental. A nosotros, los occidentales, nos atraen de un modo especial, y si sabes manejar bien la espada no te van a faltar hermosas prisioneras.» Entonces, los caballeros, con fuerte voz, entonaron el himno de cruzada que se cantaba entonces por toda Europa:

¡El Santo Sepulcro, en manos paganas;
la tumba donde yace el Salvador
sufriendo ultrajes y escarnios,
siendo violada todos los días!

Con voz sorda suena su llamada:
«¿Quién va a librarme de esta saña?»

¿Dónde están sus héroes y sus caballeros?
¡Desapareció ya la Cristiandad!
¿Quién devolverá a los hombres la fe?
¿Quién llevará la Cruz en estos tiempos?
¿Quién romperá estas cadenas de ignominia
y libertará el Santo Sepulcro?

Se levanta, de noche, en mar y en tierra
sagrada, violenta tempestad.
Quiere despertar al que duerme indolente,
azota el campamento, la ciudad y el castillo;
un grito de dolor en todas las almenas:
«¡En pie, perezoso cristiano; sal de tu casa ya!»

Por todas partes ángeles se ven
con rostros tristes y silenciosos.
Ante las puertas, los peregrinos
—las lágrimas surcan sus mejillas—,
con tristeza, se lamentan
de la crueldad de los sarracenos.

Una mañana, roja y triste, se levanta
en el amplio país de los cristianos;
el tormento de la pena y del amor
empieza a brotar en todas las almas:
toman todos la Cruz, toman la espada,
y salen enardecidos de su hogar.

Un celo ardiente ruge en los ejércitos:
hay que librar el sepulcro del Señor.
Su alegre impaciencia les empuja hacia el mar,
para llegar muy pronto a los Santos Lugares.
Hasta los niños acuden corriendo
para juntarse a este sagrado ejército.

La Cruz ondea en lo alto, en el glorioso estandarte;
los viejos héroes caminan delante;
las puertas santas del Paraíso
se abren para acoger a los piadosos guerreros:
todos quieren participar de la gran dicha
de derramar su sangre por Cristo.

¡A la guerra, cristianos! Las huestes divinas
entrarán con nosotros en la Tierra Prometida;
muy pronto sentirá el furor de los paganos
el temible castigo de la diestra de Dios,
y con ánimo alegre lavaremos entonces
el Sagrado Sepulcro con sangre de paganos.

Llevada por los ángeles, la Virgen santa
planea por encima de la horrible batalla,
y aquel a quien la espada ha derribado
se despierta en los brazos de su Madre.
Con rostro iluminado ella se inclina
hacia este mundo, en que resuenan las armas.

¡Adelante! ¡A los Santos Lugares!,
resuena sorda la voz del Sepulcro.
Pronto, con la victoria y la oración,
será lavado el pecado del hombre.
El reino de los paganos terminará, por fin,
cuando el Sepulcro se encuentre en nuestras manos.

El alma de Enrique estaba como transportada de emoción: imaginaba el Santo Sepulcro como una figura juvenil, pálida y noble, sentada sobre una gran piedra y en medio de una turba salvaje que la maltrataba ferozmente, mientras ella, con expresión de angustia, miraba hacia una cruz que brillaba con vivos destellos en el horizonte, y que se reflejaba indefinidamente en las agitadas olas de un mar.

Su madre le mandó buscar, para presentarlo a la esposa del caballero. Los caballeros, sumidos como estaban en el banquete y en la conversación sobre la cruzada que se estaba preparando, no se dieron cuenta de que Enrique se marchaba. El muchacho encontró a su madre en amigable conversación con la señora del castillo, una anciana dulce y bondadosa, que le acogió con gran amabilidad.

La tarde era serena; el sol empezaba a declinar, y Enrique, que tenía grandes deseos de estar solo y se sentía vivamente atraído por los dorados horizontes que penetraban en el oscuro aposento a través de las ojivas angostas de las ventanas, pidió permiso, que le fue otorgado en seguida, para salir del castillo a contemplar el paisaje.

Salió corriendo al aire libre; su espíritu se encontraba en un estado de especial agitación; desde la altura de aquella peña contempló, primero, el valle cubierto de bosque, por el que corría un arroyo, que movía algunos molinos; la gran profundidad del valle hacía que el ruido de éstos apenas fuera perceptible desde la altura de aquel castillo. Después contempló inmensas lejanías de montañas, bosques y llanos; este espectáculo sosegó la inquietud de su espíritu. El ardor guerrero de hacía unos momentos desapareció, y de él quedó sólo un anhelo claro y lleno de imágenes. Sentía que le faltaba un laúd, aunque no sabía cómo estaba hecho tal instrumento ni qué podía conseguir de él. El claro espectáculo de aquel espléndido atardecer le mecía en dulces fantasías: la Flor de su corazón se le aparecía de vez en cuando como un relámpago.

Vagaba por aquella maleza salvaje, trepaba por piedras cubiertas de musgo, cuando, de repente, de un valle cercano, el canto dulce y penetrante de una voz femenina, acompañado de una música maravillosa, le despertó de sus sueños. Estaba seguro de que aquello era un laúd; lleno de admiración, se detuvo, y oyó cantar, en un mal alemán, la siguiente canción:

Cansado corazón, ¿cómo no estallas
bajo un cielo extraño aún?
Pálido fulgor de la esperanza,
¿cómo vuelves todavía a mi rostro?

¿Puedo pensar aún en el regreso?
Un torrente de lágrimas me anega;
mi corazón se rompe de dolor.

¡Si pudiera mostrarte los mirtos
y la oscura cabellera de los cedros!
¡Si pudiera llevarte a los alegres corros
de nuestras fiestas fraternales!,
verías cómo era antes tu amiga,
sus vestidos bordados, sus hermosas joyas.

Nobles galanes inclinan
su ardiente mirada ante ella.
Con el lucero de la noche
dulces cantos se elevan hacia mí.
Se puede confiar en el amado;
su lema es: fidelidad y amor.

En torno a fuentes cristalinas
el cielo se refleja con amor,
y en embalsadas ondas
se arremolina en torno al soto,
que alberga en su amena fronda,
bajo flores y frutos, a pájaros
de mil colores, aves de dulce canto.

¡Qué lejos está mi patria
y qué lejos los sueños de antaño!
Aquellos árboles cayeron tiempo ha,
y el viejo palacio ardió.
Terribles, impetuosas como un mar,
vinieron hordas enemigas,
y el paraíso sucumbió.

Horribles llamas se levantaban
en el azul del cielo.
Sobre briosos corceles
penetraron con furia en la ciudad.

Sonaron los sables: nuestros hermanos
y mi padre no volvieron,
y a nosotras nos llevaron como esclavas.

Mis ojos se cubrieron de sombra;
tierra lejana y maternal,
llenos de amor y de nostalgia,
hacia ti están mirando todavía.
Si no tuviera a esta niña
no temblaría mi mano al quitarme la vida.

Enrique oyó los sollozos de una niña, y una voz que la consolaba. Atravesando la maleza, descendió un poco y encontró a una muchacha pálida y afligida, sentada al pie de un viejo roble. Una hermosa niña estaba abrazada a su cuello y lloraba; ella también lloraba, y a su lado, sobre el césped, había un laúd. La muchacha se asustó un poco al ver al desconocido, que se acercaba a ella con expresión de tristeza.

A buen seguro, habréis oído mi canción —dijo ella en tono amable—. Me parece haberos visto alguna otra vez. Dejadme pensar... No puedo acordarme; he perdido mucho la memoria; pero vuestro aspecto despierta en mí extraños recuerdos de alegres tiempos. ¡Oh!, me parece estar viendo a uno de mis hermanos, que antes de nuestra desgracia se marchó de casa, y se fue a Persia a visitar a un famoso poeta. Quizá vive todavía y canta el triste destino de sus hermanos. Si me acordara todavía de alguna de aquellas hermosas canciones que nos dejó... Era noble y tierno, y su gran felicidad era el laúd.

La criatura cuyos sollozos atrajeron al principio la atención de Enrique era una niña de unos diez o doce años. Ahora, apretándose fuertemente contra el pecho de la infeliz Zulima, observaba atentamente al extraño. A Enrique se le partía el corazón de pena; consoló a la muchacha con amables palabras, y le pidió que le contara con más detalle toda su historia. A ella no pareció molestarle el ruego. Enrique se sentó frente a ella y escuchó el relato, interrumpido a menudo por el llanto. A Zulima le gustaba demorarse en la alabanza de su patria y de sus compatriotas. Hablaba con detalle de la nobleza de ánimo de éstos, de su extraordinario gusto y su fina sensibilidad por la poesía de la vida y por el encanto secreto y maravilloso de la Naturaleza. Describía las románticas bellezas de los vergeles de Arabia, que —decía— son verdaderas islas felices en medio de los intransitables arenales, lugares de refugio para los atribulados y los que buscan descanso, colonias del paraíso, llenas de fuentes de agua fresca, cuyos riachuelos atraviesan antiguos y venerables sotos, y corren rumorosos por encima de apretado césped y de relucientes piedras; parajes llenos de pájaros multicolores, que entonan bellas melodías; lugares de especial encanto por los muchos restos que conservan de un pasado memorable.

Allí —siguió diciendo— veríais con asombro antiguas piedras con extraños trazos e imágenes de vivos colores. Por algo se conservan en tan buen estado y son tan conocidas. A fuerza de pensar y pensar, y de barruntar el sentido aislado de alguno de estos signos acaba uno con verdaderas ansias de descifrar el significado profundo de aquellos textos seculares. Su espíritu desconocido despierta reflexiones nuevas, y aunque uno se marche sin haber encontrado lo que buscaba, sin embargo, ha hecho dentro de sí mismo mil extraños descubrimientos, que darán a su vida una nueva luz y ocuparán por mucho tiempo su espíritu con pensamientos placenteros. La vida, en una tierra como aquélla, habitada desde tanto tiempo y embellecida y enriquecida desde antiguo por el esfuerzo, el trabajo y el amor de los hombres, tiene un especial encanto. La Naturaleza parece haberse hecho allí más humana y más comprensible; por debajo de lo que se ve transparece un borroso recuerdo que hace retroceder al pasado las imágenes del mundo y las presenta al espíritu con nítidos perfiles; de este modo goza uno de un mundo doble, que, precisamente por serlo, pierde toda gravidez y toda violencia, y se convierte en la encantadora poesía y la fábula de nuestros sentidos. ¿Quién sabe si en esto no hay también algo de misteriosa influencia de los antiguos habitantes de aquel mundo que, invisibles ahora, están presentes todavía en él? ¿No podría ser que fuera esta influencia la oscura fuerza que, en cuanto les llega el momento de su despertar, empuja a los hombres de las nuevas regiones a buscar con impaciencia irresistible la antigua cuna de su estirpe y a arriesgar su fortuna y su sangre por poseerla?

Después de una pausa continuó:

—No os creáis lo que os han contado sobre las atrocidades de la gente de mi tierra. En ninguna parte del mundo se ha tratado con mayor magnanimidad a los prisioneros; hasta a vuestros peregrinos, los que iban a Jerusalén, los hemos acogido con hospitalidad; sólo que bien pocos de ellos la merecían; la mayoría eran holgazanes, mala gente, y en sus peregrinaciones iban dejando huellas de sus tropelías; por esto no es de extrañar que muchas veces fueran objeto de justas venganzas. ¡Con qué tranquilidad hubieran podido los cristianos visitar el Santo Sepulcro sin necesidad de emprender una guerra inútil y espantosa que lo ha llenado todo de amargura e infinita miseria, y que ha separado para siempre Oriente de Europa...! ¿Qué tenía que ver el nombre del que poseía estos lugares? Nuestros príncipes tenían una gran veneración por el sepulcro de vuestro Salvador, al que consideraban un profeta de la divinidad. ¡Y qué hermoso hubiera sido que aquel Sagrado Sepulcro se hubiera convertido en la cuna de un feliz entendimiento y en la ocasión para una eterna y bienhechora alianza entre los pueblos!

En aquella plática se había ido pasando la tarde. Empezaba a anochecer, y la luna, saliendo del húmedo bosque, difundía un apacible resplandor. Zulima, la niña y Enrique fueron subiendo lentamente al castillo. El muchacho se encontraba sumido en mil pensamientos; el entusiasmo guerrero de antes había desaparecido completamente. Se daba cuenta de que en el mundo reinaba una extraña confusión. La luna le parecía como un espectador compasivo que para consolarle le elevara por encima de las asperezas de la superficie de la tierra: contempladas desde aquella altura, desaparecían —tan abruptas e impracticables como le parecían antes, cuando andaba por ella...—. Zulima iba silenciosa a su lado, llevando a la niña de la mano. Enrique llevaba el laúd. Intentaba reavivar en su acompañante aquella esperanza, vacilante ya, de volver algún día a su patria; al mismo tiempo sentía en su corazón una fuerte llamada: él tenía que ser el que salvara a aquella joven; sin embargo, no sabía de qué modo podía ocurrir esto... En sus sencillas palabras parecía haber una fuerza especial, porque Zulima se sentía confortada como no se había sentido nunca, y le daba las gracias con gran emoción.

Los caballeros estaban sentados todavía ante sus copas, y la madre de Enrique estaba aún hablando de asuntos de la casa con la esposa del señor del castillo. El muchacho no sentía ningún deseo de volver a aquella bulliciosa sala; estaba cansado, y pronto se marchó con su madre al dormitorio que le habían asignado. Antes de dormirse le contó lo que le había ocurrido, y en seguida se quedó dormido, entre agradables sueños.

También los mercaderes se retiraron pronto, y, de buena mañana, estaban ya preparados para reemprender el viaje. Cuando salieron, los caballeros estaban aún profundamente dormidos, pero la señora de la casa despidió cariñosamente a los viajeros. Zulima había dormido poco; una alegría interior la había tenido desvelada; apareció en el momento de la despedida, y sirvió humilde y diligente a los viajeros. En el momento de marcharse éstos, la muchacha, rompiendo en llanto, fue a buscar el laúd, y se lo entregó a Enrique, y, con voz cortada por las copiosas lágrimas, le pidió que se lo llevara como recuerdo de Zulima:

—Era el laúd de mi hermano —dijo—; me lo regaló antes de marcharse; de todo lo que yo tenía, es lo único que he podido salvar. Ayer me pareció que os gustaba; a mí me dejáis un regalo que no tiene precio: una dulce esperanza.

Tomad esta pequeñísima muestra de mi agradecimiento, que él os haga recordar a la pobre Zulima. Estoy segura de que volveremos a vernos, y entonces, quizá, seré más feliz.

Enrique lloraba; el muchacho no se atrevía a aceptar aquel laúd que tan importante era para ella.

—Dadme tan sólo esta cinta dorada, con signos desconocidos, que lleváis en el cabello, si no es un recuerdo de vuestros padres o hermanos; tomad a cambio un velo, que mi madre me cederá gustosa.

Zulima accedió, finalmente, a los ruegos de Enrique, y le dio la cinta, diciéndole:

—En ella está escrito mi nombre en letras de mi lengua materna, que yo misma bordé en mejores tiempos. Miradla con amor: pensad que ella ha estado atando mis cabellos durante largos años de dolor, y que ha ido perdiendo el color con su dueña.

La madre de Enrique sacó el velo y se lo entregó, y luego, estrechándola contra su pecho, la abrazó entre lágrimas.

V

Después de algunos días de viaje llegaron a un pueblo que estaba al pie de unos agudos montes, cortados por profundas gargantas. Por lo demás, la región era fértil y agradable, si bien la parte posterior de los montes ofrecía un aspecto de muerte y horror. La posada era limpia; los dueños, serviciales. La sala estaba llena de gente, viajeros o simples bebedores, que, sentados allí, hablaban de los más variados temas.

Nuestros viajeros se unieron a aquel grupo y se mezclaron en las conversaciones. La atención de todos se centraba de un modo especial en un hombre de edad avanzada y que llevaba un atuendo extranjero; estaba sentado junto a una de las mesas y contestaba amablemente a las preguntas que algunos curiosos le hacían. Venía de otras tierras; aquel día se había levantado de buena mañana y había recorrido con detenimiento aquella región; hablaba de su ocupación y de las cosas que acababa de descubrir en aquel país. La gente decía que era uno de estos hombres que busca tesoros. Y aunque hablaba con gran modestia de sus conocimientos y de lo que con ellos era capaz de hacer, todo lo que decía tenía un aire extraño y novedoso.

Contaba que había nacido en Bohemia, y que desde joven había tenido una gran curiosidad por saber qué era lo que las montañas ocultaban en su seno, de dónde provenía el agua de las fuentes y dónde se encontraban el oro, la plata y las piedras preciosas, que tan irresistible atracción ejercían sobre los hombres. Decía que en la iglesia de un monasterio cercano había observado muchas veces estas luminarias sólidas, que se encuentran en los retablos y en las reliquias, y que su único deseo era que hubieran podido hablar, para que le contaran su misterioso origen. A pesar de que a veces había oído decir —siguió diciendo— que estos tesoros y estas joyas provenían de países lejanos, siempre había pensado que por qué no podría haberlos también en estas tierras; que no en vano eran tan grandes, tan altas y tan bien protegidas las montañas, y que incluso le parecía que algunas veces, en sus paseos por los montes, había encontrado piedras que brillaban. Que le gustaba trepar por las grietas y entrar en las cavernas, y que experimentaba un placer indecible recorriendo estas estancias y observando aquellas bóvedas, fabricadas por los siglos. Por fin —siguió contando—, se encontró un día con un hombre, que iba de viaje, que le dijo que se hiciera minero, que en este oficio podría satisfacer su curiosidad. Le dijo que en Bohemia había minas; que no tenía más que seguir el curso del río, aguas abajo, y que después de diez o doce jornadas llegaría a Eula; allí no tenía más que decir que quería ser minero. No se lo tuvo que decir dos veces: al día siguiente se ponía en camino.

Después de un fatigoso viaje de varios días —siguió diciendo— llegué a Eula. ¿Cómo podría describiros la emoción que sentí cuando desde una verde colina contemplé los montones de piedras, entre las que crecían hierbas y matojos, sobre las que se levantaban unas cabañas de madera y cuando, una vez en el valle, vi las nubes de humo que se levantaban por encima del bosque? Un lejano ruido aumentaba mis ansias, y pronto me encontré, lleno de increíble curiosidad y poseído de una especie de fervor religioso, en uno de estos montones, que los mineros llaman *escoriales*, ante los oscuros abismos que desde dentro de las cabañas descienden verticalmente al interior de la montaña. Corrí hacia el valle, y no tardé en encontrarme con unos hombres vestidos de negro que llevaban una linterna en la mano; imaginé en seguida que eran mineros —luego comprobé que no me había equivocado—. Con un cierto temor me acerqué a ellos y les expuse mi deseo. Me escucharon amablemente y me dijeron que debía ir un poco más abajo, a la fundición; que allí preguntara por el capataz, quien a su vez me presentaría al mayoral —el que manda entre todos ellos—, y que éste me diría si me admitía o no. A ellos les parecía que sí me iban a admitir; me advirtieron que en cuanto encontrara al capataz debía saludarle, diciendo: «¡Buena salida!», que ésta es la fórmula usual entre los mineros. Contento y ansioso seguí mi camino; no podía dejar de repetirme una y otra vez aquel saludo, tan lleno de sentido para los mineros. Encontré a un hombre anciano y venerable, que me recibió con gran amabilidad; yo le conté mi historia y le expuse mis grandes deseos de aprender aquel arte extraño y misterioso; él me escuchó con atención y me prometió otorgarme lo que le pedía. Me pareció que no le había causado mala impresión; me hizo quedar en su casa. Impaciente como estaba, nunca veía llegar el momento de vestir aquel hermoso traje, montar en la viga y penetrar en la mina. Aquella misma noche el anciano me dio un traje de minero y me enseñó el manejo de algunos instrumentos que tenía guardados en una pequeña habitación.

Más tarde fueron a verle algunos mineros; a pesar de que tanto su lengua como la mayor parte de las cosas que decían me resultaban extrañas e incomprensibles, yo no perdía ni una palabra de aquellas conversaciones. Sin embargo, lo poco que creí haber entendido no hizo más que aumentar mis ansias y mi curiosidad; por la noche seguía pensando en ello, en extraños sueños. Me desperté de buena mañana en casa de mi nuevo huésped; poco a poco fueron llegando los mineros para recibir órdenes. En una habitación de al lado habían instalado una pequeña capilla. Entró un monje y celebró una misa; después pronunció solemnemente una oración en la que pidió al cielo que tomara bajo su santa tutela a los mineros, que les protegiera en su peligroso trabajo, que les defendiera contra los ataques y los engaños de los malos espíritus y que les deparara un buen comienzo de jornada. Yo nunca había rezado con tanta devoción como aquel día ni nunca había sentido de un modo tan vivo el profundo significado que tiene la misa. Veía a los que iban a ser mis compañeros como héroes subterráneos, como hombres que tenían que superar mil peligros, pero que, a la vez, tenían la envidiable suerte de poseer conocimientos maravillosos, gente que en su trato grave y silencioso con las rocas, que son los primeros hijos de la Naturaleza, en las maravillosas grutas de las montañas, están preparados para recibir dones del cielo y para elevarse sobre este mundo y sus tribulaciones.

Después de la ceremonia religiosa el capataz me dio una linterna y un pequeño crucifijo de madera, y los dos fuimos al «pozo», que es el nombre que los mineros damos a las abruptas entradas por las que se penetra en las cavidades subterráneas. Me enseñó el modo de bajar, las precauciones que había que tomar, así como el nombre de muchos objetos y partes de la mina. Él pasó delante: impulsando con los pies la viga cilíndrica, llevando en una mano la linterna y cogiéndose con la otra a una cuerda que por un nudo corredizo iba deslizándose en una pértiga que estaba fijada a un lado, fue descendiendo a la mina; yo le miraba e iba haciendo lo mismo que él; de este modo llegamos con bastante rapidez a una profundidad considerable. Para mí aquello tenía un aire de solemnidad: la luz que me precedía se me antojaba como una buena estrella que me indicaba el camino que conducía a la secreta cámara de los tesoros de la Naturaleza. Una vez abajo, nos encontramos en un verdadero laberinto de corredores y galerías; el bueno de mi maestro no se cansaba de contestar a las muchas preguntas que yo le hacía ni de instruirme sobre su arte. El murmullo del agua, la lejanía de aquella tierra que, allí arriba, habitaban los hombres, la oscuridad y lobreguez de las galerías y el ruido lejano de los mineros que trabajaban en ellas me colmaban de alegría. Me sentía feliz, me encontraba en posesión plena de todo aquello que desde siempre había sido el objeto de mi más ardiente anhelo. No es posible explicar ni describir esta satisfacción total de un deseo innato, este extraño gusto por cosas que deben de tener una relación estrecha con lo más profundo de nuestro ser, con oficios para los cuales uno parece estar destinado desde la cuna. Es posible que a cualquier otra persona estas cosas le hubieran parecido corrientes, insignificantes, o hasta incluso horribles y espantosas; a mí, en cambio, me parecían tan imprescindibles como el aire para los pulmones o el alimento para el estómago. El anciano se alegraba de ver el íntimo placer que me causaba todo aquello, y me dijo que con el interés que yo tenía y con la atención que ponía en todo llegaría muy lejos: acabaría siendo un gran minero. ¿Cómo podría describiros la veneración con que hace más de cuarenta y cinco años, un dieciséis de marzo, vi por primera vez en mi vida al rey de los metales, en finísimas laminillas metidas entre las grietas de las rocas? Me hacía el efecto de que estaba encerrado en una terrible cárcel; su brillo me parecía el amable saludo con que acoge al minero que, a través de tantos peligros y penalidades, se ha abierto camino hacia él para sacarlo a la luz del día y hacer que llegue a honrar las coronas de los reyes, los vasos de los príncipes y las reliquias de los santos, y que llegue a recorrer el mundo entero y a reinar en él en las bellas figuras que adornan las monedas, tan apreciadas y guardadas por los hombres. Desde aquel día me quedé en Eula; al principio tenía que ir sacando en cestos el material que los mineros iban excavando del criadero; pero luego, poco a poco, me fueron ascendiendo, hasta que llegué a excavador, que es propiamente el trabajo de minero, el que trabaja en la misma roca.

El viejo minero interrumpió su relato y descansó un momento; tomó su copa y bebió un trago; los demás, que le habían estado escuchando atentamente, brindaron a su salud con el saludo de los mineros: «¡Buena salida!» A Enrique le estaba gustando muchísimo todo lo que contaba el anciano, y esperaba ansioso que prosiguiera su narración. Los otros discutían animadamente sobre los peligros y rarezas de la vida del minero, y contaban extrañas leyendas, que hacían sonreír al viejo, que se apresuraba a rectificar amablemente las peregrinas ideas de sus interlocutores.

Al cabo de un rato dijo Enrique:

—De aquel tiempo a esta parte debéis de haber visto y oído hablar de cosas bien curiosas; seguro que no os habréis arrepentido de haber escogido esta vida, ¿verdad? ¿Os importaría contarnos cómo os ha ido desde entonces y qué es lo que os ha traído aquí? Parece que hayáis recorrido mucho mundo, y sospecho que sois algo más que un minero como cualquier otro.

—A mí —dijo el anciano— me produce un gran placer recordar los tiempos pasados, porque en ellos encuentro siempre ocasiones para darle gracias a Dios por su bondad y misericordia. He tenido la suerte de llevar una vida alegre y serena, y no ha pasado un solo día en que me haya ido a la cama sin este sentimiento de gratitud. He sido feliz y afortunado en todo lo que he hecho, y nuestro Padre celestial me ha protegido siempre del mal y me ha dejado llegar a viejo con honor. Después de Dios todo lo debo al que fue mi maestro; hace ya muchos años que fue a reunirse con sus antepasados; no puedo pensar en él sin que me vengan las lágrimas a los ojos. Era un hombre de aquellos tiempos en los que se vivía según la voluntad de Dios. A pesar de sus profundos conocimientos, era modesto y sencillo como un niño. Gracias a él la mina conoció un gran esplendor y proporcionó inmensos tesoros al duque de Bohemia. Esta mina hizo que toda la región se poblara, se enriqueciera y acabara convirtiéndose en un país floreciente. Todos los mineros le veneraban como a un padre, y mientras exista Eula su nombre será pronunciado siempre con emoción y gratitud. Había nacido en Lusacia, y se llamaba Werner. Cuando yo entré en su casa su única hija era todavía una niña. Mi laboriosidad, mi fidelidad y la gran estimación que yo tenía por aquel hombre me fueron granjeando de día en día su afecto. Me dio su nombre y me adoptó como hijo. Poco a poco la pequeña se iba haciendo una criatura viva y despierta; su rostro era amable y limpio, como su corazón. Viendo el afecto que ella me tenía y cómo a mí me gustaba juguetear con ella sin apartar mis ojos de los suyos, que eran azules y grandes como el cielo y brillaban como cristales, el padre me decía muchas veces que si yo llegaba a ser un buen minero y se la pedía no me la iba a negar; y cumplió su palabra: el día que me hicieron excavador puso sus manos sobre nuestras cabezas y bendijo nuestra promesa de matrimonio; pocas semanas más tarde la llevaba a mi alcoba como esposa. Aquel mismo día, en el turno de la mañana, justamente a la salida del sol, iniciándome yo todavía en el arte de excavador, descubrí una veta de metal precioso. El duque me mandó una cadena de oro con su efigie grabada sobre una gran moneda, y me prometió que me daría el cargo de mi suegro. Qué feliz me sentía al poder colgar el día de mi boda en el cuello de mi novia una cadena de oro con el retrato del duque y ver cómo los ojos de todos no dejaban de mirarla... Nuestro anciano padre pudo todavía ver retozar algunos nietos en torno a él; el otoño de su vida le trajo más frutos de los que él esperaba. Pudo terminar su jornada con alegría y dejar la oscura mina que es este mundo para ir a descansar en paz y esperar el día de la gran recompensa.

—Señor —dijo el anciano, dirigiéndose a Enrique y secándose algunas lágrimas—, el oficio de minero tiene que ser forzosamente un oficio bendecido por Dios: no hay ningún arte que dé mayor felicidad y nobleza a los que lo practican, que despierte en ellos una fe tan grande en la sabiduría y la providencia divinas ni que mantenga de un modo más puro la inocencia y la sencillez de corazón. El minero nace pobre y muere pobre. Sólo aspira a una cosa: saber dónde se encuentra el imperio del metal y sacarlo a la luz del día. Con ello se contenta: el brillo cegador de los metales no puede nada contra la pureza de su corazón. El fuego de su peligrosa locura no es capaz de inflamar su espíritu: la felicidad del minero está en la contemplación de sus extrañas formaciones, lo peregrino y singular de su origen y de su morada, no en esta posesión material que promete a los hombres toda clase de dichas. Una vez se ha convertido en mercancía, el metal deja de ofrecer encanto alguno para el minero: prefiere arrostrar mil peligros y fatigas para arrancarlo de las entrañas de la tierra que andar por el mundo siguiendo su fama, recorrer la superficie de la tierra, buscándole con mil engaños y astucias. Aquellas fatigas mantienen fresco su corazón y despierto su espíritu; agradecido, goza de su modesto salario, y todos los días sale de las oscuras cavernas de su oficio con renovada alegría de vivir. Él sí que sabe lo que es el encanto de la luz y del reposo, la caricia de un aire libre y de un horizonte amplio; sólo él saborea los manjares y la bebida como refrigerio del cuerpo; los toma con la unción con que tomaría el cuerpo del Señor. Con qué amor y con qué espíritu abierto y sensible va a reunirse con los suyos, acaricia a la mujer y a los hijos y goza, dándole gracias a Dios, del hermoso regalo del diálogo y de la amistad.

Su trabajo solitario le separa durante una gran parte de su vida de la luz del día y del trato con los hombres. Por esto no se acostumbra a las cosas maravillosas y profundas que existen en la superficie de la tierra ni llega a adquirir nunca este embotamiento y esta indiferencia frente a ellas que tienen muchos de los que no practican este oficio; por esto también conserva un alma de niño, que le hace verlo todo en su espíritu original y en su múltiple y virginal encanto. La Naturaleza no quiere ser propiedad exclusiva de uno solo. Como propiedad se convierte en un veneno mortal que ahuyenta la paz y atrae un irreprimible deseo de poseerlo todo, que va acompañado de inquietudes y preocupaciones sin cuento, y pasiones e instintos salvajes. Por esto, secretamente, la Naturaleza va socavando el suelo sobre el que el propietario asienta sus pies, y no tarda en sepultarle en el abismo que ella misma ha abierto; de este modo las cosas pasan de una mano a otra, y así van satisfaciendo su natural tendencia a pertenecer a todos los hombres.

En cambio, ved con qué paz y sosiego trabaja el minero en su desierto subterráneo: pobre, contento con lo que tiene, alejado del tumulto y la agitación del día, en él alienta sólo el ansia de saber y el amor a la paz y a la concordia. En su soledad se recrea pensando en sus compañeros y en su familia, y siente siempre viva la hermandad y la solidaridad entre los hombres. Su oficio le enseña a ser paciente, a no cansarse nunca, a no distraerse en pensamientos vanos. Porque tiene que habérselas con una fuerza extraña, dura e inflexible, que sólo un empeño obstinado y una vigilancia constante son capaces de vencer. Pero también ¡qué hermosa flor se le abre allí, en aquellas medrosas profundidades! Es la confianza verdadera en el Cielo, en un Padre cuya mano providente está viendo todos los días en señales inconfundibles. Cuántas veces, sentado ante el muro y a la luz de mi linterna, habré estado yo contemplando con devoción y reverencia el sencillo crucifijo que llevan todos los mineros... Entonces ha sido cuando he comprendido bien el sagrado sentido de aquella enigmática imagen; y entonces ha sido cuando he sabido abrir en mi corazón la más noble de las galerías, la que me conduce a un filón que me deparará una riqueza eterna.

—Realmente —continuó el anciano después de una pausa—, debió de ser un hombre divino el que enseñó a la Humanidad el noble arte de la minería y el que escondió en el seno de la tierra este severo símbolo de la vida humana. Aquí se abre una galería amplia y fácil de excavar, pero de poco valor; allí la roca la va estrechando, hasta convertirla en una grieta miserable e insignificante, y, sin embargo, es precisamente allí donde empiezan los filones más nobles. Otras galerías degradan el filón, hasta que de repente una galería, emparentada con la primera, se une a ella, y hace subir indefinidamente el valor del mineral. Muchas veces, ante los ojos del minero, se viene abajo en mil pedazos la bóveda que él mismo ha excavado; sin embargo, éste, paciente, no se asusta, y continúa tranquilo su camino:

aquel contratiempo recompensará en seguida su celo, infundiéndole nueva fuerza y nobleza. A menudo se deja seducir por un pasadizo engañoso, que le aparta de la verdadera dirección; sin embargo, no tarda en darse cuenta de que lleva un camino equivocado, y ataja con energía hasta encontrar de nuevo el pasadizo que le lleva al buen filón. Cómo llega a familiarizarse con los caprichos de la fortuna y cómo llega a convencerse de que el esfuerzo y la constancia son los únicos medios seguros para dominar estas veleidades de la suerte y arrancarles el tesoro que con tanta obstinación defienden...

—A buen seguro —dijo Enrique—, no os faltarán bellas canciones que animen vuestra tarea. Se me antoja que es un oficio éste en el que, de pronto, os encontraréis cantando, movidos por el deleite mismo del trabajo, y que la música debe de ser una buena compañera del minero.

—Exactamente. Así es como decís —contestó el anciano—: cantar y tocar la cítara son sus menesteres inseparables en la vida, y no hay estamento que disfrute más de ellos que el nuestro. La música y la danza son la verdadera felicidad del minero; para él son como una alegre oración; el recuerdo y la esperanza de ellas ayudan a aligerar su penoso trabajo y a acortar sus largas horas de soledad.

Si queréis os voy a cantar una de las canciones que más nos gustaban cuando yo era joven:

Señor es de la tierra
quien sus entrañas mide
y en su profundo seno
todo dolor olvida.

Él penetra el miterio
de la roca escondida;
él baja infatigable
a su oscuro taller.

Con la tierra se une,
a fondo la conoce;

por ella arde de amor
como por una novia.

Cada día la mira
con renovado amor;
no teme los pesares;
no puede reposar.

Los hechos del pasado,
gloriosos y magníficos,
ella, su amiga siempre,
dispuesta está a contar.

Las brisas del pasado
soplan en torno a él,
y en las simas oscuras
brilla una eterna luz.

Por todos los caminos
llega él a su hogar,
y ella le sale al paso
premiándole en su afán.

Las aguas le acompañan,
fieles, montaña arriba;
los castillos roqueros
le abren sus tesoros.

El lleva ríos de oro
al palacio del rey,
y adorna sus coronas
con piedras de valor.

Al monarca le tiende
su afortunado brazo;
para él quiere poco:
alegría y pobreza.

Que anden en pos del oro
al pie de las montañas;
él, feliz, en las cumbres,
es señor de la tierra.

A Enrique le gustó muchísimo esta canción, y pidió al anciano que le cantara otra. Este, dispuesto a complacerle, le dijo:

–Sí, sé otra: es una extraña canción que ni nosotros mismos sabemos de dónde viene. Nos la trajo un minero que iba de paso; venía de muy lejos, y era uno de estos hombres que llevan una vara y adivinan lo que hay debajo del suelo. La canción tuvo una gran acogida, por lo extraña y singular: era casi tan oscura e incomprensible como su música; pero esto mismo le daba un extraño encanto; oyéndola nos parecía que estábamos soñando despiertos:

En algún lugar conozco un castillo
donde vive un rey silencioso[1]*;*
le acompaña un extraño cortejo,
pero el rey nunca sube a las torres.

Sus estancias están escondidas,
y guardas invisibles le protegen;
solo fuentes amigas susurran,
bajando hacia él de polícromos techos.

Lo que las aguas con sus claros ojos
han visto allá en las bóvedas de estrellas
estas fuentes al rey se lo cuentan
y, fieles, nunca paran de contar.
El rey se baña en sus corrientes ondas,
purificando su cuerpo delicado,

1. El oro, rey de los metales. Según Marcel Camus el poema «expresa ciertas teorías alquímicas sobre el nacimiento del oro, así como las esperanzas de los teósofos sobre la liberación del alma humana por la multiplicación de este metal».

para salir de nuevo reluciente
de aquella blanca sangre de su madre[1]

Su castillo, maravilloso y antiguo,
cayó del seno hondo de los mares;
quedó de pie, sujeto para siempre,
para impedir su huida hacia los cielos.
Puertas adentro una invisible cinta
encadena a los hombres de aquel reino;
mientras, prendidas en los muros de piedra,
las nubes son banderas de victoria.

Una incontable multitud de hombres
está en torno a las bien cerradas puertas;
y todos juegan a servidores fieles,
dirigiendo al señor falsas lisonjas.
A él creen deber su bienestar,
sin barruntar que son sus prisioneros,
y, embriagados por falaces deseos,
no saben descubrir a su enemigo.

Sólo unos pocos, hábiles y despiertos,
no sienten la sed de sus regalos,
y se esfuerzan incansablemente
por socavar la antigua fortaleza.
Contra este poderoso y gran secreto
sólo podrá la mano inteligente;
si puede el interior dejar desnudo,
conseguirá alumbrar la libertad.

Al diligente no resiste un muro;
ningún abismo detiene al valiente;
el que en su mano y corazón confía
camina sin temor tras de ese rey,
y puede, al fin, prenderle en sus moradas.
Con espíritus desaloja a los espíritus,

1. Referencia a teorías alquímicas, también: «la blanca sangre de su madre» es el agua.

y se hace dueño de las bravas aguas,
y las obliga a buscar su cauce.

Cuanto más vuelva el rey a ver la luz
y locamente se desparrame por la tierra,
más irá siendo minado su poder
y tanto más serán los hombres libres[1].
Hasta que un día, al fin, rotos los lazos,
entrará el mar en la hueca fortaleza,
y, llevados por sus dulces aguas verdes,
volveremos al regazo de la Patria[2].

Cuando el anciano hubo terminado, a Enrique le pareció haber oído aquella canción en alguna parte. Se la hizo repetir, y se la guardó escrita. Luego el minero salió de la posada y los mercaderes se quedaron hablando con los huéspedes sobre las ventajas del arte de la minería, así como de sus trabajos y fatigas. Uno dijo:

—No os quepa duda de que este anciano ha venido aquí para algo. Hoy ha estado todo el día trepando por estas colinas, y estoy seguro de que habrá encontrado buenas señales. Cuando vuelva se lo preguntaremos.

—¿Sabéis qué podríamos pedirle? —dijo otro—. Que nos buscara una fuente para el pueblo. Tenemos el agua muy lejos, y un buen manantial nos vendría muy bien.

—Se me ocurre —dijo un tercero— que podría pedirle que se llevara consigo a uno de mis hijos, que está trayendo piedras a casa todos los días. Seguro que el muchacho llegaría a ser un buen minero, y este anciano parece ser un hombre de bien que sabría sacar buen partido de él.

Por su parte, los mercaderes hablaban de la posibilidad de entablar, por mediación de aquel minero, relaciones

1 Ver nota 1 del capítulo V (pág.: 93).
2. Del mismo modo como la materia representa una degradación de la realidad espiritual, el agua representa el espíritu. La entrada del agua en el seno de las montañas es la liberación del peso de lo material y la elevación de la realidad al reino de lo espiritual.

comerciales ventajosas con Bohemia y de obtener de allí metales a buen precio.

El anciano volvió a entrar; todo el mundo quería aprovechar la ocasión que les brindaba el hecho de haber conocido a aquel viejo minero. Éste dijo:

—¡Qué atmósfera tan agobiante! ¡Qué mal se respira en esta habitación tan pequeña![1] Fuera hay una luna espléndida; me gustaría mucho dar otro paseo. Hoy, con la luz del día, he visto algunas cuevas interesantes. No están muy lejos de aquí; podríamos ir ahora; quizás a algunos de vosotros os gustaría acompañarme; con sólo que nos llevemos una linterna creo que podremos examinarlas sin dificultad.

Toda la gente de aquel pueblo conocía aquellas cuevas, pero hasta entonces nadie se había atrevido a penetrar en ellas: creían en pavorosas leyendas de dragones y otros monstruos que, decían, habitaban allí. Algunos incluso aseguraban que los habían visto y que en la entrada de estas cavernas habían encontrado huesos de hombres y animales, llevados allí por aquellos monstruos, y devorados después. Otros creían que allí debía de vivir un fantasma, porque algunas veces, aseguraban, habían visto desde lejos una extraña figura humana, y por la noche habían oído canciones que venían de aquella dirección.

El anciano no parecía dar mucho crédito a todas estas historias; se reía y les decía que, yendo con un minero, no tenían por qué temer, que sólo con verle, los monstruos se iban a asustar, y que en cuanto al fantasma, si, como decían, le gustaba cantar, a la fuerza tenía que ser un espíritu benéfico. La curiosidad hizo que muchos perdieran el miedo y se animaran a aceptar la invitación del anciano. También Enrique deseaba acompañarle; al principio su madre no quería darle permiso; el anciano trataba de convencerle; al fin, después de haberle hecho prometer que cuidaría del muchacho para que no le ocurriera nada malo, accedió a los ruegos de su hijo.

1. La frase tiene un sentido simbólico: los intereses mezquinos de los campesinos y los negociantes frente a la visión poética de la realidad que tiene el minero.

Los mercaderes también habían decidido formar parte de la expedición. La gente fue a buscar largas teas, para que les sirvieran de antorchas; una parte del grupo se pertrechó de escaleras, pértigas, cuerdas y toda clase de armas defensivas, y al fin todos emprendieron la marcha hacia las colinas. Delante iban el anciano, Enrique y los mercaderes. Aquel campesino que tenía un hijo tan aficionado a las piedras se lo había llevado consigo; el muchacho se había hecho con una antorcha, y era el que indicaba el camino hacia las cuevas. La noche era serena y tibia. Sobre las colinas, la luna, con su dulce fulgor, despertaba extraños sueños en todas las criaturas. Ella misma parecía un sueño del sol: suspendida sobre aquel mundo ensimismado y en visiones nocturnas, hacía volver a aquella Naturaleza, dividida en mil parcelas, a los orígenes fabulosos en los que todo germen, soñoliento todavía, solitario y virginal, se esforzaba inútilmente por desplegar la oscura plenitud de su inmenso ser.

En el alma de Enrique se reflejaba la fábula de la noche. Le parecía como si el mundo descansara en él, se le abriera, y, como a un huésped amigo, le mostrara todos sus tesoros y secretas ternuras. Le parecía comprender como nunca aquel espectáculo, a la vez sencillo e inmenso, que tenía ante sus ojos. Le parecía que si ordinariamente la Naturaleza se mostraba tan incomprensible era por su misma prodigalidad en multiplicar a los ojos de los hombres, con las más variadas apariencias, lo más familiar e íntimo de su esencia. Las palabras del anciano habían abierto en él una puerta secreta. Se veía en una pequeña estancia construida al lado mismo de una gran catedral: de las losas del suelo ascendía el pasado del mundo, grave y solemne; de la cúpula bajaba el futuro, claro y alegre, en forma de un coro de dorados ángeles que venían a su encuentro cantando. Potentes sonidos vibraban en aquel canto de plata, y por los amplios portones del templo entraban todas las criaturas: cada una de ellas decía de una forma perceptible lo más íntimo de su naturaleza en una oración sencilla, rezada en un idioma familiar. Enrique no podía comprender cómo había estado tanto tiempo ajeno a una visión como aquélla, tan clara, y que desde entonces era ya imprescindible para su ser. De repente veía de un golpe todas las relaciones que le unían con el inmenso mundo que le rodeaba; sentía lo que él había llegado a ser gracias al mundo y lo que el mundo iba a ser para él, y comprendía aquellas extrañas figuraciones y sugerencias que la contemplación del mundo había suscitado ya muchas veces en él. La historia de aquel muchacho al que le gustaba tanto contemplar la Naturaleza, y que acabó siendo yerno del rey, le vino de nuevo a la memoria, y mil otros recuerdos de su vida se entrelazaron en su mente con un hilo mágico[1].

Mientras Enrique estaba entregado a estos pensamientos el grupo se había ido acercando a la cueva. La entrada era baja; el anciano cogió una antorcha, trepó por unas piedras y penetró en la caverna. Notó que de ella salía una ligera corriente de aire; entonces se volvió a los otros y les dijo que podían seguirle sin temor. Los más miedosos entraron los últimos; llevaban las armas preparadas para utilizarlas en cualquier momento. Enrique y los mercaderes entraron después del anciano; a su lado, contento y alegre, iba aquel muchacho que quería ser minero. Al principio fueron siguiendo un pasadizo bastante estrecho; pronto llegaron a una cueva espaciosa y de alto techo, que la luz de las antorchas no podía iluminar del todo; sin embargo, en la pared del fondo les pareció ver algunas aberturas que se perdían en la roca. El suelo era blando y bastante regular; tampoco las paredes ni el techo eran ásperos ni rugosos; pero lo que más llamó la atención de todos fue la gran cantidad de huesos y dientes que cubrían el suelo. Muchos de ellos se conservaban perfectamente; en otros se podían apreciar huellas de descomposición, y los que sobresalían de las paredes parecían como petrificados. La mayoría de ellos eran de gran tamaño, como si hubieran pertenecido a animales de una fuerza extraordi-

1. El progresivo despertar a la poesía de Enrique coincide siempre con una visión cada vez más clara de la unidad del cosmos, de las relaciones entre todas las cosas, del sentido de los relatos y los sueños.

naria. Al anciano le alegraba mucho haber encontrado aquellos restos de épocas remotas; a la gente del pueblo, en cambio, no les hacía mucha gracia aquello. El anciano les decía que aquello eran huellas de un tiempo inmemorial: «¿Cuándo se ha oído decir por ahí –les preguntaba– que estos animales hayan devastado nunca vuestros rebaños o se hayan llevado a algún hombre de estos alrededores? ¿Os parece que estos huesos puedan ser de algún ser humano o de algún animal conocido por vosotros?» Era inútil: aquellos buenos campesinos creían que aquellos huesos eran una señal de que por allí cerca andaban feroces animales.

El anciano quería seguir explorando la montaña, pero los campesinos encontraron más prudente retirarse y esperarle a la entrada de la caverna. Enrique, los mercaderes y el muchacho se quedaron con el viejo después de haberse provisto de cuerdas y antorchas. Así llegaron pronto a una segunda cueva; el anciano tuvo buena cuenta en señalar con huesos dispuestos de una determinada manera el pasadizo por el que habían venido. Aquella caverna se parecía mucho a la primera; tenía también muchos restos de animales. Enrique estaba a la vez asustado y maravillado: le parecía estar paseándose por los pórticos del palacio interior de la tierra. De repente se sintió muy lejos del cielo y de la vida de los hombres, como si aquellas salas espaciosas y oscuras pertenecieran a un extraño reino subterráneo. «¿Quién podía sospechar –se decía– que bajo nuestros pies se moviera todo un mundo dotado de una inmensa vida? ¿Quién hubiera pensado jamás que en el interior de la tierra, e impulsados por el oscuro fuego de su seno, unos gérmenes desconocidos hubieran podido desplegar su ser hasta llegar a tomar formas gigantescas y sorprendentes? ¿No podría ser que en aquellos remotos tiempos estos pavorosos forasteros, acosados por el frío, hubieran salido de estas cavernas y hubieran aparecido entre los hombres? Quizá por aquel mismo tiempo los habitantes del cielo, las fuerzas vivas y parlantes de las estrellas, se hacían visibles por encima de las cabezas de los humanos. Estos huesos, ¿son huellas de la marcha de estos monstruos hacia la superficie de la tierra, o de su huida hacia las profundidades?»

De repente el viejo llamó a los que le acompañaban y les enseñó unas huellas bastante recientes de pisadas humanas; no encontraron muchas, así que el viejo creyó que podían seguirlas sin temor a encontrarse con bandoleros; iban a seguir ya aquella pista, cuando, de pronto, como viniendo de lejanas profundidades, como bajo sus pies, percibieron con bastante claridad una canción. A pesar de su pasmo, que no fue pequeño, guardaron silencio y escucharon:

Con placer vivo en el valle,
sonrío en la oscura noche;
del amor la dulce copa
me ofrecen todos los días.

Sus santas gotas levantan
mi alma al cielo, y estoy
ebrio a sus puertas,
aunque viva en esta tierra.

Mecido en dulces visiones,
no temo ningún dolor:
la reina de las mujeres
me da su corazón fiel.

Años de dolor y llanto
han moldeado esta arcilla,
y una imagen han grabado
que me da la eternidad.

Y todos aquellos años
me parecen un instante;
cuando me lleven de aquí
los miraré sin rencor.

Todos quedaron sorprendidos: la canción les había fascinado; tenían que encontrar como fuera al cantor. Después de buscar un poco vieron en un ángulo de la pared de la derecha un pasadizo que bajaba: las pisadas parecían indicarles que debían seguir por aquel camino. Muy pronto les pareció advertir una claridad que iba aumentando conforme iban descendiendo. Se abrió una gran cavidad abovedada, más grande todavía que las otras dos que habían encontrado, en cuya pared del fondo vieron una figura humana: estaba sentado detrás de una mesa de piedra, sobre la que había un gran libro; tenía al lado una linterna, y parecía estar leyendo.

Volvió la cabeza hacia ellos, se levantó y salió a su encuentro. Era un hombre de edad indefinible: no parecía ni viejo ni joven; en él no se apreciaban más huellas del tiempo que unos cabellos plateados, que, lisos, y partidos en dos mitades, le caían sobre la frente. En sus ojos había una inefable expresión de serenidad, como si desde la clara cima de una montaña dirigiera su mirada a una primavera infinita. Llevaba unas sandalias atadas a los pies, y como todo vestido no parecía llevar más que una gran capa, que, enrollada en torno a su cuerpo, realzaba su figura noble y fuerte. La llegada de los visitantes no pareció sorprenderle lo más mínimo; les saludó como si ya les conociera, como si fueran huéspedes esperados en su casa.

—Qué amables habéis sido viniendo a verme. En todo el tiempo que llevo viviendo aquí sois los primeros amigos que veo. Parece que la gente empieza a fijarse un poco más en esta casa grande y maravillosa que tenemos.

El viejo minero contestó:

—No sospechábamos encontrar aquí a un huésped tan amable. Nos habían hablado de fantasmas y de animales feroces, y he aquí que nos encontramos con la más agradable de las sorpresas. Perdonad nuestra curiosidad si hemos venido a interrumpir vuestra contemplación y vuestras meditaciones.

—¿Puede haber mejor contemplación —dijo el desconocido— que la de rostros humanos alegres y afables? No creáis que porque me encontráis aquí en estas soledades sea yo un enemigo de los hombres. No he huido del mundo; sólo he buscado un lugar tranquilo para poder entregarme a mis meditaciones.

—¿Y nunca os habéis arrepentido de vuestra decisión? ¿No tenéis momentos en los que sentís miedo y en los que vuestro corazón anhela escuchar la voz de un ser humano?

—Ahora ya no. Cuando era joven hubo un tiempo en que ansiaba ardientemente hacerme ermitaño. Oscuros presentimientos ocupaban mi fantasía juvenil. Creía que en la soledad iba a encontrar el alimento que satisfaría plenamente mi corazón. La fuente de mi vida interior me parecía inagotable. Pero pronto me di cuenta de que el hombre debe recorrer una larga serie de experiencias, de que un corazón joven no puede estar solo; es más, de que sólo después de un trato repetido con sus semejantes puede el hombre alcanzar una cierta independencia.

—Yo llego a creer incluso —contestó el anciano— que existe una cierta vocación natural para cada tipo de vida, y que quizás, conforme uno va envejeciendo, las experiencias que va acumulando le llevan por sí solas a retirarse de la compañía de los hombres. No parece sino que esta compañía está dedicada únicamente a la actividad, tanto a la que lleva al lucro como a la que lleva a la conservación de lo ganado. Una gran esperanza, una finalidad colectiva, impulsan la vida en compañía; los niños y los viejos no parece que tengan nada que ver con todo esto. A los primeros su inocencia y su libertad les mantiene al margen de estas cosas; los segundos han realizado esta esperanza y ven alcanzada esta finalidad, por esto, como no hay nada que les ate a este movimiento de la sociedad, vuelven a sí mismos y se consagran únicamente a prepararse para hacerse dignos de una comunidad superior. Sin embargo, parece que en vuestro caso ha habido causas especiales que os han inducido a apartaros totalmente de los hombres y a renunciar a las comodidades que conlleva la vida con los demás. Pienso que muchas veces debe de aflojarse la tensión de vuestro espíritu y que cuando esto os ocurre debéis de sentiros mal.

—Sí, es cierto, antes me ocurría esto; con todo, he sabido evitarlo imponiendo un orden riguroso a mi vida. Procuro mantenerme sano haciendo ejercicio y de este modo me siento bien. Salgo afuera todos los días, ando varias horas y disfruto tanto como puedo de la luz y del aire libre. El resto del día lo paso en estas cuevas; a ciertas horas estoy ocupado en tejer cestos y tallar figuras de madera que cambio en lugares alejados de aquí por víveres; me he traído libros; de este modo discurren los días sin darme cuenta. En los lugares por donde paso tengo algunos conocidos que saben de mi vida en estas cuevas; por ellos me entero de lo que pasa en el mundo; ellos son los que me enterrarán y los que se quedarán con mis libros cuando yo muera.

Hizo que se acercaran al sitio donde estaba sentado, cerca de la pared de la cueva, y vieron varios libros en el suelo y además una cítara. De la pared colgaba una armadura completa y, al parecer, de bastante precio. La mesa estaba formada por cinco grandes piedras planas ensambladas como formando una caja; en la parte superior estaban grabadas, en tamaño natural, las figuras de un hombre y una mujer que sostenían una corona de lirios y rosas; a los lados se leía:

En este lugar
Federico y María de Hohenzollern
pusieron sus pies cuando llegaron a su patria.

El eremita preguntó a los visitantes de dónde eran y de qué modo habían llegado a aquellos parajes. Estuvo muy amable y comunicativo con ellos, revelaba un gran conocimiento del mundo. El anciano minero le dijo:

—Veo que habéis sido guerrero, la armadura os descubre.

—Los peligros y vicisitudes de la guerra, el elevado

espíritu poético que se encuentra siempre en un ejército en campaña me arrancaron cuando era joven de mi soledad y decidieron la suerte de mi vida. Es posible que el largo tiempo que he tenido que vivir en medio del tumulto y la agitación, así como las mil peripecias por las que he tenido que pasar hayan aumentado en mí el sentido de la soledad: los muchos recuerdos de aquel tiempo son ahora para mí una agradable compañía; y esto tanto más, cuanto más distintos son los ojos con los que veo todo lo que entonces me ocurrió: esta nueva perspectiva me hace descubrir la relación que existía entre los acontecimientos de aquel tiempo, el profundo sentido de las consecuencias que de ellos se derivaron, así como el significado del modo como se presentaban a mis ojos. El auténtico entendimiento de la historia humana no se desarrolla hasta tarde, y ello ocurre más bajo el sosegado influjo de los recuerdos que bajo la fuerza de la impresión de lo presente. Los acontecimientos más cercanos parecen tener sólo una relación superficial, pero no por ello revelan una simpatía menos maravillosa con los lejanos; y sólo cuando uno está en situación de abarcar con la vista una larga serie de sucesos, ni tomándolos todos al pie de la letra ni mezclando su verdad con los sueños de la fantasía, sólo entonces se advierte el secreto encadenamiento de lo pasado con lo futuro y se aprende a componer la historia con esperanzas y recuerdos. Pero sólo le es dado descubrir la clave de la historia a aquél que tiene ante sus ojos todo el pasado. Los humanos no podemos llegar más que a fórmulas toscas e incompletas, y ya podemos darnos por satisfechos si encontramos una norma que nos sirva para iluminar un poco esta corta vida que nos ha sido dada. Pero puedo deciros también que el observar con atención los avatares de la vida es algo que nos depara un placer profundo e inagotable, y que de entre todos los pensamientos los que nos proporcionan esta observación son los que más nos elevan por encima de los males de esta tierra. Cuando somos jóvenes leemos la historia sólo por curiosidad, como si fuera un cuento; en cambio, cuando llegamos a la edad madura esto que antes era sólo una amena narración se convierte en una compañera celestial, en una amiga consoladora y edificante, que con sus sabias palabras nos va preparando dulcemente para una vida más alta y más amplia y que con sus imágenes sencillas y comprensibles nos va familiarizando con el mundo desconocido. La Iglesia es la casa de la Historia y el campo santo el simbólico jardín de sus flores. Sobre el pasado debieran escribir únicamente hombres temerosos de Dios, ancianos cuya historia personal ha terminado y que no tienen otra esperanza que la de ser trasplantados a aquel jardín. En sus palabras no habría nada tenebroso ni turbio: un rayo de luz bajado de la cúpula del cielo lo iluminaría todo haciéndonoslo ver en su mayor belleza y en su mayor verdad y el Espíritu Santo se posaría sobre el extraño movimiento de aquellas aguas.

Cuánta verdad y cuánta luz hay en vuestras palabras —dijo el anciano—. No hay duda de que deberíamos dedicar mayor esfuerzo en señalar y destacar todo aquello que, a nuestro entender, debe saberse de nuestro tiempo, y en transmitirlo, como piadosa herencia, a los hombres que han de venir. Hay miles de cosas que no nos atañen y a las que, no obstante, dedicamos nuestra solicitud y nuestros esfuerzos; en cambio, de lo más cercano a nosotros, de lo más importante, de las fortunas y desgracias de nuestra propia vida, de la de los nuestros y de la de nuestra estirpe —fortunas y desgracias que hemos visto sucederse con una callada regularidad gobernada por una providencia—, de todo ello apenas si nos ocupamos; con el más gran descuido dejamos que sus huellas se borren de nuestra memoria. Una posteridad más sabia que nosotros buscará cualquier noticia del pasado como si fuera una reliquia, y ni la vida de un solo hombre, por insignificante que ésta sea, le será indiferente, porque en ella verá reflejada, con mayor o menor intensidad, toda la vida de una época.

—Lo malo es —dijo el conde Hohenzollern— que incluso aquéllos que se han dedicado a anotar los hechos y los acontecimientos de su tiempo no se han parado a reflexionar sobre lo que estaban haciendo y no han intentado dar a sus observaciones un orden y una coherencia, sino que han procedido a la buena de Dios en la selección y compilación de sus noticias. No hay más que fijarse en lo que nos ocurre a cada uno de nosotros: sólo somos capaces de describir de un modo claro y cabal aquello que conocemos perfectamente, aquello cuyas partes, cuyo origen y consecuencias, cuya finalidad y uso tenemos ante nuestra vista; sin este conocimiento no podemos dar descripción alguna de nada, lo único de lo que somos capaces es de dar un amasijo de observaciones parciales e incompletas. Digámosle a un niño que nos describa una máquina, o a un campesino que nos describa un barco: seguro que no habrá nadie que de sus palabras pueda sacar utilidad o ciencia alguna. Es lo mismo que ocurre con la mayoría de la gente que escribe historia: es posible, incluso, que pósean habilidad en el arte de narrar y aun que sean prolijos hasta el aburrimiento; con todo, olvidan precisamente lo más interesante, aquello que hace que la historia sea historia, aquello que enlaza los acontecimientos más dispares en un todo ameno y lleno de enseñanzas. Cuando reflexiono en todas estas cosas, pienso que un buen historiador tiene que ser además un poeta, porque sólo los poetas poseen el arte de enlazar convenientemente unos hechos con otros. Muchas veces, en sus narraciones y fábulas, he experimentado un sosegado placer viendo su fino sentido del misterio de la vida. En sus cuentos hay más verdad que en las crónicas de los eruditos. Aunque sus personajes y los destinos de éstos son inventados, el sentido que estas invenciones encierran es natural y verdadero. Y hasta cierto punto, para nuestro placer, así como para nuestra enseñanza, da igual que aquellos personajes, en cuyos destinos seguimos las huellas del nuestro, hayan existido o no. Porque lo que nosotros anhelamos encontrar es el modo de pensar y de ver las cosas de los espíritus, a la vez grandes y sencillos, de las distintas épocas; si encontramos que nuestro deseo se cumple, ya no nos preocupamos por saber si aquellas figuras concretas que aparecían en las narraciones existieron realmente o no.[1]

—Por esto mismo —dijo el anciano— es por lo que yo he tenido siempre una gran simpatía por los poetas. Gracias a ellos el mundo y la vida se me han hecho más claros y diáfanos. Me ha parecido que deben de vivir en amistad con los agudos espíritus de la luz, con aquellas almas que penetran todas las cosas, que las distinguen unas de otras y que extienden sobre todas ellas un velo especial de tenues colores. Con sus canciones, mi propio ser se ha sentido como suavemente desplegado, como si pudiera moverse con más libertad, como si se gozara de su propia sociabilidad y de sus anhelos, como si, con un secreto placer, sus elementos pudieran moverse unos contra otros y suscitar mil efectos encantadores.

—¿Habéis tenido la suerte —preguntó el eremita— de tener en vuestro país a algún poeta?

—Sí, de vez en cuando nos ha llegado alguno; sin embargo, todos han mostrado un gusto especial por la vida viajera, así que no se han quedado mucho tiempo entre nosotros. Con todo, en mis viajes a Iliria, Sajonia y Suecia, he encontrado no pocos de ellos; su recuerdo alegrará siempre mi espíritu.

—Entonces habréis corrido mucho mundo y tendréis mucho que contar.

—Nuestro oficio nos obliga a andar de un lado para otro observando la tierra; no parece sino que un fuego subterráneo impulsa al minero a andar de un sitio a otro. Una montaña le manda a otra. Nunca le parece que ha visto lo bastante. La vida entera tiene que pasársela aprendiendo aquella extraña arquitectura que, de un modo tan peregrino, sustenta y recubre el suelo sobre el que se asientan nuestros pies. Nuestro arte es muy antiguo y está muy extendido. Al igual que nuestra estirpe, ha debido de venir de Oriente a Occidente, con el sol, y se ha debido de extender hasta los confines del mundo. En todas partes ha

1. En el primer capítulo de la segunda parte dice Enrique: «destino y alma no son más que dos modos de llamar a una misma noción».

tenido que luchar con dificultades distintas, y como la necesidad ha aguzado siempre el espíritu del hombre y le ha llevado siempre a nuevos descubrimientos, por esto el minero encuentra en todas partes incitaciones para aumentar sus conocimientos y multiplicar sus artes, y, de este modo, enriquecer a su país con experiencias provechosas.

—Vosotros, los mineros —dijo el eremita—, sois una especie de astrólogos al revés: mientras que éstos están siempre mirando al cielo y recorriendo con la vista sus inmensidades, vosotros dirigís vuestra mirada al fondo de la tierra y escudriñáis su arquitectura. Aquéllos estudian las virtudes e influencias de las estrellas, vosotros investigáis las fuerzas de las rocas y montañas y los efectos de los variados estratos. Para aquéllos el cielo es el libro del futuro, para vosotros la tierra es el monumento de un remoto pasado del mundo.

—Esta relación entre astrólogos y mineros —dijo el anciano sonriendo— no deja de tener su significado: los luminosos profetas tienen quizá mucho que ver con la vieja historia de la extraña formación de la tierra. Es posible que con el tiempo estos hombres sean mejor conocidos y explicados por sus obras, y, a su vez, que estas obras lo sean por aquellos hombres. Tal vez las grandes cadenas de montañas nos muestran las huellas de sus antiguos caminos, quizás han querido sostenerse por sí mismas y seguir su propia senda hacia el cielo. No pocas de ellas han tenido atrevimiento suficiente para elevarse hacia lo alto, como queriendo ellas también llegar a ser estrellas; para ello han tenido que renunciar al bello ropaje de verdor que cubre las tierras bajas. De este empeño no han sacado otro provecho que el tener que ayudar a la formación de las lluvias y los vientos que azotarán a las otras montañas, sus progenitoras. Para las tierras bajas son ellas profetas que tan pronto las protegen como las anegan bajo la furia de los temporales.[1]

1. Referencia, según Marcel Camus, a creencias teosóficas: los astros son las partes de la Naturaleza que han logrado escapar de la gravedad de lo material y ascender a la esfera del espíritu.

—Desde que vivo en esta cueva —prosiguió el eremita— he aprendido a meditar más sobre los tiempos pasados. No sabría cómo explicaros el encanto que para mí tienen estas meditaciones: podéis creer que no me cuesta nada imaginar el amor que los mineros han de tener por su oficio. Cuando contemplo esta cantidad de huesos que se encuentran por todas partes en estas cuevas, todos ellos extraños y procedentes de remotas épocas; cuando pienso en los tiempos salvajes en que estos extraños monstruos, acosados tal vez por el miedo, penetraban en estas cuevas, en apretadas manadas, para venir luego a morir en ellas; cuando me remonto a los tiempos en que se formaban estas cuevas y en los que inmensos océanos cubrían la tierra, me veo a mí mismo como un sueño del futuro, como un hijo de la paz eterna. ¡Qué tranquila y pacífica, qué suave y clara es la naturaleza que vemos hoy en comparación con la de aquellos tiempos violentos y enormes! La más terrible de las tempestades, el más espantoso de los terremotos no es más que un leve eco de aquellos espeluznantes dolores de parto. En aquellos tiempos, las plantas, los animales y hasta los hombres, si es que los hubo en aquellas islas perdidas en el océano, debieron de tener una complexión más fuerte, y más ruda —de lo contrario tendríamos que dudar de la verdad de todas las antiguas fábulas que nos hablan de un pueblo de gigantes—.

—Es confortable y alentador —dijo el viejo— comprobar esta lenta pacificación de la Naturaleza. Parece que en ella ha ido cuajando poco a poco un íntimo acuerdo entre sus elementos, una pacífica comunidad y una mutua protección y vivificación: de este modo podemos esperar siempre tiempos mejores. Es posible que de vez en cuando fermente todavía la antigua levadura, y que de ello se sigan algunas conmociones violentas de la tierra; pero ahora el hombre ve ya este empeño indetenible hacia una estructura más libre y más armónica, y bajo esta nueva luz cualquier conmoción no es más que un fenómeno pasajero que nos acerca más a la gran meta. Puede ser que la Naturaleza no sea ya tan fructífera como antes, que en nuestros días no veamos surgir ya más metales ni piedras preciosas, más rocas ni montañas, que las plantas y los animales ya no adquieran el tamaño sorprendente y la fuerza que tuvieron entonces; conforme se ha ido agotando la fuerza engendradora de la tierra han ido creciendo las fuerzas del orden y la forma, las virtudes que ennoblecen los elementos y los aúnan; el espíritu de la Naturaleza se ha vuelto más sensible y tierno, su fantasía más diversa y rica en símbolos, su mano más ligera y diestra: se aproxima al hombre; y si en tiempos fue una roca de cuyo seno salieron, en terribles partos, los primeros seres que poblaron la faz de la tierra, ahora es una planta que va creciendo reposadamente, un artífice silencioso, casi humano. ¿Qué necesidad habría, si no, de ir aumentando todos estos tesoros si su gran cantidad alcanza ya para un período de tiempo que no podemos ni imaginar? Con ser tan pequeño el espacio que he recorrido, desde el primer momento, no más llegar ya he descubierto tantas cosas que los hombres de hoy en día no llegarán a poder utilizar: tendrán que quedar para las generaciones que les sigan. ¿Qué riquezas no llegan a esconder las montañas del Norte? ¿Qué cantidad de señales favorables no he llegado a encontrar yo en mi patria, por todas partes, como en Hungría, al pie de los Cárpatos y en los valles rocosos del Tirol, de Austria y de Baviera? Con sólo que me hubiera podido llevar todo lo que he podido coger del suelo o arrancar de la roca sería ahora un hombre rico. Muchas veces he creído encontrarme en un jardín encantado. Todo lo que veía era de metales preciosos y tenía las más bellas formas. En los gráciles rizos y en las ramas de la planta colgaban frutos transparentes, brillantes y rojos como el rubí, y aquellos pesados arbolitos se levantaban sobre un suelo de cristal de una calidad tal que ningún artesano sería capaz de imitar. Uno no daba crédito a sus sentidos en aquellos lugares maravillosos, no se cansaba de recorrer aquellas selvas fascinantes ni de alegrar la vista con tanta pedrería. Sin ir más lejos, en el viaje que ahora estoy haciendo he visto gran cantidad de cosas interesantes, y no dudo que en otros países la tierra es tan fecunda y derrochadora como aquí.

No hay duda —dijo el desconocido—, basta con pensar en los tesoros de Oriente, y ¿no es verdad que la lejana India, África y España fueron ya famosas en la antigüedad por las riquezas de su suelo? Es sabido que los guerreros no acostumbran a fijarse en las vetas y en las grietas de las montañas; con todo, en este aspecto puedo decir que algunas veces me he parado a observar estas franjas brillantes que son como extraños capullos que anuncian una flor y un fruto inesperados. ¿Quién podía imaginar, cuando yo antes pasaba contento bajo la luz del día junto a estas oscuras cavernas, que, andando el tiempo, iba a terminar mis días en el seno de una montaña? Mi amor me llevó orgulloso por la tierra y esperaba alcanzar la vejez y dormir el último sueño en los brazos de la amada. Terminó la guerra y partí para mi casa con la alegre esperanza de que allí podría pasar en paz y sosiego el otoño de mi vida. Pero el genio de la guerra parecía ser el genio de mi felicidad. Mi María me había dado dos hijos en Oriente. Ellos eran la alegría de mi vida. La travesía y los malos aires de Occidente dañaron su floración. Al poco de llegar a Europa los enterraba. Mi esposa estaba desconsolada; dolorido y apenado la llevé a mi patria. Una callada melancolía debió de ir royendo el hilo de su vida. En un viaje que tuve que emprender al poco de mi llegada y en el que ella, como siempre me acompañaba, se murió dulce e inesperadamente en mis brazos. Fue cerca de aquí precisamente donde terminó nuestro peregrinar por la tierra. En aquel momento mi decisión estaba madura. Encontré lo que nunca había esperado: una luz divina descendió sobre mí, y desde el día que enterré a mi esposa, en este mismo lugar, una mano celestial se llevó todas las penas de mi corazón. El sepulcro lo mandé levantar más tarde. Muchas veces cuando una cosa parece que termina, lo que ocurre en realidad es que empieza: esto es lo que ha sucedido en mi vida. Que Dios os dé a todos vosotros una vejez dichosa y una paz de espíritu como me ha dado a mí.

Enrique y los mercaderes habían escuchado con atención las palabras del eremita. El primero sentía nuevos cambios, nuevos movimientos en su espíritu, tan lleno de presagios. Muchas de las palabras y de los pensamientos de aquel anciano habían caído en su interior como una semilla vivificadora que le sacaba del angosto recinto de sus pocos años y, en un momento, le levantaban a las alturas del mundo. Aquellas horas que acababa de vivir le parecían largos años: estaba convencido de que nunca había sentido ni pensado de otra manera.

El eremita les enseñó sus libros. Eran antiguas leyendas y libros de historia. Enrique hojeaba aquellas páginas de letras grandes y bellas pinturas; las cortas líneas de los versos, los títulos, algunos pasajes y los dibujos, limpios y minuciosos, que, como palabras que hubieran tomado cuerpo, se encontraban aquí y allá para ayudar a la imaginación del lector, excitaban la curiosidad del muchacho. El eremita notó el íntimo placer con que examinaba aquellos libros y le explicó las singulares imágenes que había en ellos. Reproducían las más variadas escenas de la vida: batallas, entierros, bodas, naufragios, cavernas y palacios; reyes, héroes, sacerdotes, jóvenes y viejos, gente ataviada con trajes extranjeros y extraños animales aparecían allí agrupados y combinados de distintas maneras. Enrique no se cansaba de mirar todo aquello; aquel solitario ejercía sobre él una irresistible fascinación, su único deseo hubiera sido quedarse con él para que le instruyera sobre aquellos libros.

A todo esto el anciano le preguntó si por allí había todavía más cavernas; el eremita le dijo que no muy lejos de donde estaban había algunas muy grandes, que él les acompañaría para que las vieran. El anciano aceptó el ofrecimiento. El eremita, viendo la afición con que Enrique examinaba aquellos libros, le sugirió que se quedara y que siguiera mirándolos mientras ellos estaban en aquellas cuevas. Enrique estuvo muy contento de quedarse allí y le dio las gracias de todo corazón por su licencia. El muchacho iba hojeando aquellas obras con un placer indecible, hasta que al final vino a caer en sus manos un libro escrito en una lengua que a él le pareció tener alguna semejanza con el latín y el italiano. Sin entender una sola palabra de aquel texto el libro le gustaba sobremanera: lo que el muchacho hubiera dado por conocer aquella lengua... No tenía título; sin embargo, hojeándolo encontró algunos dibujos. Se quedó asombrado al verlos: le parecía haber visto alguna otra vez aquellas imágenes. Miró con algo más de atención y descubrió con pasmo su propia figura; no era muy difícil distinguirla de entre las otras. Le parecía aquello un sueño; miró varias veces más: sí, no había duda, era él. No daba crédito a sus sentidos; en otro de los dibujos se vio de nuevo a sí mismo; aquella vez se encontraba en aquella cueva y junto a él estaban el eremita y el anciano. Examinando lentamente las ilustraciones de aquel libro fue encontrando figuras conocidas: sus padres, el duque y la duquesa de Turingia, su amigo el capellán de la corte, la muchacha oriental y algunos más; sin embargo, iban vestidos de un modo distinto a como él les había visto siempre; parecían como de otra época. Aunque no conocía sus nombres, muchas de las figuras de aquel libro le resultaban conocidas. Su propia imagen aparecía en muchos sitios. Hacia el final de la obra iba tomando una forma más grande y más noble. En sus brazos descansaba la guitarra, y la duquesa le entregaba una corona. Se vio en la corte imperial, yendo en barco, en los brazos de una dulce y grácil mucnacha, luchando con hombres de aspecto salvaje y en amigable conversación con sarracenos y moros. Un hombre de aspecto grave y venerable se encontraba muchas veces junto a él. El muchacho sentía un profundo respeto por esta figura alta y noble, y le gustaba verse al lado de ella. Las últimas imágenes eran muy oscuras y apenas se podía ver lo que representaban; sin embargo, le causó una gran sorpresa descubrir allí algunas de las figuras de aquel sueño que había tenido.[1] Enrique sentía un profundo arrobamiento. Parecía que a aquel

1. Coincidencia entre el sueño, la historia y la realidad.

libro le faltaban las últimas páginas. El joven estaba muy afligido: su único deseo hubiera sido poder leer el libro y poseerlo completo. Estaba examinando una y otra vez aquellos dibujos cuando, sorprendido y confuso, vio regresar al eremita y sus acompañantes. Una extraña vergüenza se apoderó de él. No se atrevía a revelar su descubrimiento; cerró el libro y se limitó a preguntarle al eremita, como de paso, sin mostrar gran interés por aquello, cuál era el título de aquella obra y en qué lengua estaba escrita. Éste le contestó que estaba escrito en provenzal.

—Lo leí hace mucho tiempo —dijo el eremita—; en este momento no me acuerdo muy bien de su contenido. Sé que es un relato que habla de las maravillosas aventuras de un poeta; que es un libro que ensalza la poesía y que explica lo que es este arte en sus distintas formas. En este manuscrito falta el final; lo traje de Jerusalén, lo encontré entre las cosas que dejó un amigo mío y me lo llevé como recuerdo suyo.

El anciano, los mercaderes, el chico que quería ser minero y Enrique, se despidieron del eremita. Enrique lloró de pena y emoción, hasta tal punto le había interesado aquella cueva y había tomado cariño a aquel eremita. Todos le abrazaron; también él parecía haber cobrado afecto a aquellos visitantes. Enrique creyó notar que a él le miraba de un modo especialmente amable y penetrante. Las palabras de despedida que le dedicó eran extrañamente significativas; como si conociera los descubrimientos que él había hecho en aquel libro y aludiera a ellos. Los acompañó hasta la entrada de la cueva después de rogarles, a todos, pero de un modo especial al chico, que no hablaran de él para nada a los campesinos, porque de lo contrario, decía, se exponía a que le importunaran. Así se lo prometieron, y mientras, se despedían de él y se encomendaban a sus oraciones, dijo el eremita:

—Cuándo, no lo sabemos, pero un día volveremos a vernos. Entonces sonreiremos pensando en todo lo que hemos dicho hoy: una luz celestial nos envolverá a todos y nos alegraremos de habernos encontrado en este valle de pruebas, de haber amigado y de haber visto que a todos nos animan unos mismos pensamientos y unas mismas esperanzas. No dudéis que son los ángeles quienes nos han reunido aquí. Si no apartáis los ojos del cielo no perderéis nunca el camino que lleva a vuestra patria.

Con un silencioso recogimiento se separaron del eremita; pronto encontraron a los compañeros que no se habían atrevido a entrar, y así, contando toda clase de cosas, no tardaron en llegar al pueblo, donde la madre de Enrique, inquieta ya por su tardanza, les recibió con gran alegría.

VI

El hombre que ha nacido para los negocios y para la vida activa no puede gozar temprano de la contemplación personal de todas las cosas ni de la experiencia viva de ellas. Se ve forzado a intervenir activamente en todo y atravesar situaciones muy diversas; en cierto modo, tiene que curtir su espíritu contra las impresiones a que se ve expuesto en toda situación nueva y contra la dispersión que pueda querer imponerle la cantidad y diversidad de cosas con las que tiene que vérselas; incluso bajo el acoso de grandes acontecimientos necesita saber seguir el hilo de sus negocios y no perder la agilidad y la destreza para conseguir lo que se propone. No debe ceder al atractivo de una callada contemplación de las cosas. Su alma no debe ser una contempladora de su interioridad, debe estar siempre atenta a lo que pasa fuera de ella y debe ser una servidora diligente, rápida y decidida de la inteligencia. Este tipo de hombres son verdaderos héroes: en torno a ellos se agolpan los grandes acontecimientos, como buscando quien los desenmarañe y quien los lleve por buen camino. Bajo su influencia todos los azares se convierten en historia; la vida de estos hombres es una cadena ininterrumpida de sucesos brillantes y extraños, intrincados y singulares.

Muy distinto es lo que ocurre a este hombre pacífico e ignorado cuyo mundo es su espíritu, cuya actividad es la contemplación y cuya vida es un silencioso ir modelando las fuerzas de su interior. Ninguna inquietud le lleva a salir de sí mismo. Una tranquila posesión le basta, y el gran espectáculo que se da fuera de su alma no le tienta a participar en él, sino que todo lo que en el exterior ve de significativo y maravilloso le interesa únicamente como objeto de su contemplación. Su anhelo por captar el espíritu que anima este espectáculo es lo que le mantiene a distancia de él, y este espíritu es el que le destinó para este misterioso papel que su alma debe cumplir en este mundo humano. Aquel otro tipo de hombre, en cambio, es el que representa los miembros externos, los sentidos y las fuerzas que brotan de este mundo.

La vida agitada y los grandes acontecimientos le perturbarían. Su destino es una vida sencilla; el rico contenido y las múltiples manifestaciones del mundo los conoce sólo a través de libros y narraciones. A lo largo de su vida sólo muy raras veces ocurre que un acontecimiento externo se lo lleve por algún tiempo y lo meta en su vertiginoso torbellino, y esto únicamente para que así, por experiencia propia, pueda conocer mejor la situación y el carácter del hombre de acción. En cambio, los acontecimientos más insignificantes y habituales, hieren su fina sensibilidad y le presentan, de un modo rejuvenecido, aquel inmenso mundo; no da ningún paso que no haga en él los más sorprendentes descubrimientos sobre la esencia y el significado de aquellas pequeñas cosas. Son los poetas, aquellos extraños caminantes que pasan de vez en cuando por nuestras casas y que renuevan el misterio antiguo y venerable de la Humanidad y de sus primeros dioses: las estrellas, la primavera, el amor, la felicidad, la fecundidad, la salud y la alegría; los que, viviendo en esta tierra, están en posesión ya de la paz celestial; aquellos hombres que, inmunes al ajetreo de las locas ansias de poseer, aspiran sólo el perfume de los frutos de la tierra sin consumirlos y, por tanto, sin ser encadenados definitivamente a las bajezas de este mundo. Son huéspedes libres que entran pisando levemente, con pie de oro, y cuya presencia, sin saber cómo, nos infunde alas a todos. Como un rey bueno, un poeta se conoce porque en torno a él se encuentran rostros claros y alegres; sólo a él le corresponde con justicia el nombre de sabio. Comparemos al poeta con el héroe y veremos cómo no es nada raro que los cantos de los poetas hayan despertado el heroísmo en el corazón de los jóvenes; en cambio, nunca se ha oído decir que los hechos heroicos hayan suscitado en ningún alma el espíritu de la poesía.

Enrique había nacido para poeta. En su formación parecían haber confluido toda una serie de circunstancias y nada había perturbado todavía su vida interior. Parecía como si todo lo que oyera o viera fuera una nueva puerta que se le franqueara, una nueva ventana que se le abriera. Ante sus ojos se le revelaba el mundo en toda la grandeza y multiplicidad de sus relaciones,[1] pero el alma de este mundo, la palabra, todavía no se le desvelaba. Sin embargo, un poeta ya iba acercándose, un poeta que llevaba a una dulce muchacha de la mano: el sonido de la lengua materna y el contacto con una boca tierna y delicada iban a mover pronto aquellos labios balbucientes y a desplegar el sencillo acorde en infinitas melodías.[2]

El viaje había terminado. Caía la tarde cuando nuestros viajeros, contentos y sin haber sufrido contratiempo alguno, llegaban a la famosa ciudad de Ausburgo y, llenos de impaciencia, encaminaban sus cabalgaduras por sus estrechas calles hacia la noble mansión que el viejo Schwaning tenía allí.

A Enrique le había maravillado aquel país nada más llegar. El bullicio y animación de las calles así como las grandes casas de piedra de aquella ciudad le causaban una grata impresión: jamás había visto nada semejante. La perspectiva de su estancia en Ausburgo le causaba una íntima alegría. Su madre estaba también muy contenta de

1. Ver nota 1 del capítulo V (pág.: 98).
2. El amor es lo que le depara a Enrique la madurez para la poesía.

verse de nuevo en su querida ciudad natal, después del largo y fatigoso viaje que acababan de hacer: allí iba a abrazar de nuevo a su padre y a sus viejos amigos, les iba a presentar a su Enrique y, en medio de recuerdos queridos, iba a olvidar por un tiempo las preocupaciones propias de un ama de casa. Por su parte, los mercaderes esperaban hacer buenos negocios y desquitarse de las incomodidades del viaje con las distracciones que iba a ofrecerles aquella ciudad.

La casa del viejo Schwaning estaba iluminada, de ella llegaba una alegre música.

—¿Qué os apostáis a que vuestro abuelo está dando una fiesta? —dijeron los mercaderes—. Ni a propósito hubiéramos llegado más a tiempo. Vaya sorpresa la que se va a llevar con estos huéspedes inesperados, con ellos sí que no contaba el viejo. Poco se imagina que la verdadera fiesta va a empezar ahora.

Enrique estaba confuso; a su madre sólo le preocupaba cómo iba a presentarse vestida de aquella manera. Se apearon todos; los mercaderes se quedaron con los caballos; Enrique y su madre entraron en aquella magnífica casa. Abajo no se veía a nadie. Madre e hijo tuvieron que subir por la amplia y curvada escalera. Salieron algunos criados; ellos les pidieron que le dijeran al viejo Schwaning que habían llegado unos extranjeros que querían hablarle. Al principio los criados pusieron algunas dificultades: el aspecto externo de los viajeros no era precisamente el mejor. Con todo, les anunciaron al señor de la casa. Al poco salió el viejo Schwaning. De momento no los reconoció y les preguntó cómo se llamaban y qué querían. La madre de Enrique rompió a llorar y, arrojándose en brazos del anciano, gritó entre lágrimas:

—¿Ya no conocéis a vuestra hija? Os traigo a mi hijo.

El anciano padre no podía contener su emoción y estuvo largo rato estrechando a su hija contra su pecho. Enrique se arrodilló y le besó tiernamente la mano. Él le mandó levantarse y abrazó a madre e hijo.

—Vamos, entrad enseguida —dijo Schwaning—. Toda

esta gente son amigos y conocidos míos y se van a alegrar muchísimo de veros.

La madre de Enrique parecía vacilar un poco y no se decidía a entrar. Pero no tuvo tiempo de pensarlo. El padre les llevó a los dos a una gran sala, de alto techo y muy bien iluminada, y en medio del alegre bullicio de gente, ataviados todos con espléndidos trajes, gritó:

—Aquí os traigo a mi hija y a mi nieto de Eisenach.

Todos los ojos se volvieron a la puerta; todo el mundo se acercó a ver a los recién llegados. Enrique y su madre estaban deslumbrados y confusos de verse tan mal vestidos y llenos de polvo en medio de todo aquel lujo. Mil exclamaciones de alegría corrían de boca en boca. Viejos conocidos se apiñaban en torno a la madre. Todo eran preguntas. Todos querían ser los primeros en ser reconocidos y saludados por ella. Mientras los de más edad estaban con la madre, los más jóvenes fijaban la atención en aquel muchacho extranjero que estaba allí junto a su madre con los ojos bajos y sin atreverse a mirar de nuevo la cara de aquella gente, extraña para él. Su abuelo le presentó a sus amigos y conocidos y le preguntó por su padre y por las incidencias del viaje.

La madre se acordó de los mercaderes que amablemente se habían ofrecido a quedarse con los caballos. Se lo dijo a su padre, el cual mandó enseguida que fueran a buscarlos y que les invitaran a subir. Los caballos fueron llevados a las cuadras y al poco entraron los mercaderes.

Schwaning les dio las gracias de todo corazón por haber acompañado tan amablemente a su hija. Entre los presentes encontraron a muchos conocidos con los que cambiaron amables saludos. La madre preguntó dónde podría mudarse de ropa. Schwaning la llevó a su habitación y Enrique la siguió, también él quería vestirse con algo digno de aquella fiesta.

De entre todos los asistentes había un hombre que llamó la atención del muchacho de un modo especial: le parecía haberlo visto en muchos grabados de aquel libro, a su lado. Por la nobleza de su porte se distinguía de todos los demás.

En su rostro se dejaba ver un espíritu a la vez grave y sereno; su frente amplia y bellamente curvada, sus ojos grandes, negros, penetrantes y que revelaban una energía interior, un pliegue burlón en torno a su alegre boca, y su aspecto franco y varonil le hacían sobresalir de entre los demás y le daban un especial atractivo. Era de complexión fuerte, sus movimientos eran reposados y estaban llenos de expresividad y parecía que allí donde estaba hubiera él querido estar eternamente.

Enrique preguntó a su abuelo quién era aquel señor.

—Me gusta —dijo el anciano— que te hayas fijado ya en él. Es Klingsohr, el poeta, un gran amigo mío. Puedes estar orgulloso de ser amigo y conocido de este hombre, más que si lo fueras del emperador... Pero ¿y tu corazón, muchacho, cómo anda? Este poeta tiene una hermosa hija; es posible que te llame la atención más ella que su padre. Me extrañaría mucho que no la hubieras visto ya.

Enrique se ruborizó.

—Estaba distraído, abuelo. Había tanta gente; sólo me he fijado en vuestro amigo.

—Se nota que eres del Norte. Habrá que espabilarte aquí. Ya es hora de que aprendas a fijarte en los ojos hermosos.

Madre e hijo se habían cambiado ya de ropa. Los tres volvieron a la sala; mientras tanto se habían ultimado los preparativos para la cena. Schwaning llevó a Enrique a ver a Klingsohr y le contó que su nieto se había fijado en él nada más llegar y que tenía grandes deseos de conocerle.

Enrique estaba avergonzado. Klingsohr estuvo muy amable con él y le habló de su patria y de su viaje. Era tal la intimidad que había en la voz de aquel hombre que al muchacho se le pasó enseguida el miedo y se atrevió a conversar con él con toda franqueza y desenvoltura. Al rato volvió Schwaning acompañando a la hermosa Matilde.

—Aquí tenéis a mi tímido nieto. Acogedlo amablemente y no le toméis en cuenta que se haya fijado antes en vuestro padre que en vos. No hay cuidado: la luz de vuestros ojos despertará la juventud que duerme en él. En su patria la primavera llega tarde.

Enrique y Matilde se ruborizaron. Se miraron y se quedaron prendados uno del otro. Ella, con voz que apenas se oía, le preguntó si le gustaba bailar. No había terminado casi de decir que sí, cuando una alegre música de danza empezó a sonar. Él le ofreció la mano en silencio; ella le dio la suya y ambos se mezclaron en el corro de parejas que bailaban.

Schwaning y Klingsohr les miraban. A la madre y a los mercaderes les gustaba ver la agilidad de Enrique y de su bella compañera. La madre estaba ocupada en atender a sus amigas de juventud: todas se hacían lenguas sobre aquel muchacho tan bello y le deseaban lo mejor para aquel hijo que tantas promesas encerraba. Klingsohr le dijo a Schwaning:

—Vuestro nieto tiene un rostro especialmente atractivo. Revela un espíritu claro y amplio y su voz sale del fondo del corazón.

—Espero —contestó Schwaning— que lo vais a tener como alumno, y que va a ser aprovechado. Me parece que ha nacido para poeta. Que vuestro espíritu se pose sobre él. Se parece a su padre; sólo que el muchacho parece menos fogoso y no tan voluntarioso. Su padre, cuando era joven, tenía muy buenas disposiciones. Le faltaba una cierta libertad de espíritu. Pudiera haber llegado a ser más que un artesano hábil y diligente.

Enrique hubiera deseado que la danza no terminara nunca. Su mirada, con honda complacencia, descansaba en las rosadas mejillas de su pareja. Los inocentes ojos de ella no esquivaban la mirada del muchacho. Parecía como si el espíritu de su padre hubiera tomado en aquella muchacha su figura más bella y graciosa. De sus grandes ojos, tranquilos y serenos, emanaba eterna juventud. Sobre un fondo de luz azul celeste se veía el suave resplandor de dos estrellas pardas, y en torno a ellas se arqueaba graciosamente la frente y la nariz. Su rostro era un lirio que se inclinaba hacia el sol naciente, y de su cuello blanco y esbelto venían serpenteando azules venas que en graciosas curvas rodeaban sus tiernas mejillas. Su voz era como un eco lejano, y su cabecita, de pelo rizado y castaño, parecía flotar, solo, sobre su grácil figura.

Entraron criados con fuentes y la danza terminó. Las personas de más edad se sentaron a un lado de la mesa y los jóvenes al otro.

Enrique se sentó al lado de Matilde; a la izquierda del muchacho una mujer joven, de la familia, y frente a él Klingsohr. Matilde hablaba muy poco; Verónica —que éste era el nombre de la otra vecina—, en cambio, no cesaba de hablar. Enseguida se hizo amiga de Enrique y en un momento le presentó a todos los asistentes. Él no oía muchas de las cosas que le decía, le hubiera gustado girarse hacia el otro lado más a menudo. Klingsohr cortó la charla de Verónica. Le preguntó al muchacho qué era aquella cinta que llevaba prendida a su casaca y qué significaban aquellas extrañas figuras que había en ella. Él le contó emocionado la historia de aquella mujer oriental que había conocido durante el viaje. Matilde lloraba y Enrique apenas podía contener las lágrimas. Y esta historia le llevó a trabar conversación con ella, mientras todo el mundo hablaba de mil cosas y Verónica se reía y bromeaba con sus conocidos. Matilde le contaba a Enrique cosas de Hungría, donde su padre solía pasar temporadas, y de la vida de Ausburgo. Todo el mundo estaba alegre y contento. La música alejaba toda reserva y toda timidez del trato entre unos y otros y, avivando las inclinaciones naturales de todos, las convertía en un animado juego. Magníficos cestos de flores, colocados sobre la mesa, esparcían un delicioso aroma, y el vino, que corría por entre las fuentes y las flores, agitaba sus alas y dejaba caer entre los invitados y el mundo un velo de mil colores. Enrique comprendía por primera vez lo que era una fiesta. Le parecía que mil alegres espíritus revoloteaban en torno a la mesa, en callada armonía con la alegría de los comensales, viviendo su misma vida y dejándose embriagar por los mismos goces. La alegría de vivir se erguía ante él como un árbol sonoro rebosante de dorados frutos de oro. El mal estaba ausente de allí; el muchacho no comprendía cómo alguna vez los deseos del hombre hubieran podido apartarse de este árbol para buscar los peligrosos frutos del conocimiento, para dirigirse al árbol de la Guerra. Ahora es cuando comprendía el sentido que tienen el vino y los manjares. Nunca como entonces los había encontrado tan deliciosos: le parecía como si un bálsamo celestial los adobara, y como si en las copas brillara el esplendor de la vida de la tierra.

Unas muchachas trajeron al viejo Schwaning una corona de flores recién cogidas. Él se la puso sobre su cabeza, besó a las doncellas y dijo:

—Ahora traedle una también a nuestro amigo Klingsohr; os vamos a dar las gracias enseñándoos algunas canciones nuevas. La mía vais a oírla enseguida. Hizo una señal a los músicos y cantó con voz sonora:

¿No es verdad que somos seres muy desgraciados?
¿No es desoladora nuestra suerte?
Nos eligen sólo para mandarnos y afligirnos;
nos educan sólo para fingir.
Nuestras quejas debemos callarlas,
no se atreven a salir de nuestro pecho.

A todo cuanto nuestros padres dicen
se opone todo nuestro corazón.
Quisiéramos coger el fruto prohibido,
sentimos el dolor de este ardiente deseo;
a dulces muchachos quisiéramos amar
y estrechar fuertemente en nuestro pecho.

¿Es pecado pensar esto?
No, el pensamiento es libre.
¿Qué le queda a un pobre niño
más que su dulce soñar?
De él quisieran apartarle
pero nunca lo consiguen.

Y aunque todas las noches rezamos
nos asusta la soledad.
A nuestras almohadas viene
la nostalgia y el amor.
¿Cómo podemos resistirnos
a entregar estos afectos?

La severa madre ordena
ocultar nuestros encantos.
Pero ¿de qué nos sirve nuestro buen deseo
si ellos se manifiestan por sí solos?
Con los latidos de un corazón que suspira
se aflojan los más fuertes lazos.

Reprimir nuestros anhelos,
ser duras y frías como el hielo,
no corresponder a las bellas miradas,
estar solas, trabajar,
no ceder a ningún ruego:
¿Es esto la juventud?

Grande es el dolor de una doncella,
su pecho está enfermo y herido;
y como premio a un callado sufrir
la besa una boca marchita.
¿No se cambiarán las tornas?
¿No terminará nunca el imperio de los viejos?

Viejos y jóvenes se echaron a reír. Las muchachas, ruborizadas, se reían a hurtadillas. Entre mil bromas y coqueterías fueron a buscar otra corona y se la pusieron a Klingsohr; sin embargo, le insistieron en que no cantara una canción tan frívola como la que había cantado Schwaning.

—No —dijo Klingsohr—, me guardaré muy bien de hablar con tanto descaro de vuestros secretos. A ver, decidme vosotras mismas qué clase de canción queréis.

—Sobre todo que no sea de amor —gritaron las muchachas—; una canción de taberna, si os parece.

Klingsohr cantó:

En verdes montañas nace
el dios que el cielo nos trae.
El sol lo ha escogido para él:
sus llamas le atraviesan.

Concebido con placer en primavera,
su tierno seno madura silencioso,
y cuando en otoño resplandecen los frutos
brota de él el niño de oro.[1]

En una cueva, bajo tierra,
le ponen en angosta cuna:
sueña con fiestas y con victorias,
forja castillos en el aire.

Que nadie se acerque a su morada
cuando se agita impaciente
y, con fuerza juvenil,
rompe cadenas y ataduras.

Invisibles centinelas
le velan mientras duerme;
a quien traspasa sus santos umbrales
le alcanza su implacable lanzada.

En cuanto se despliegan sus olas,
abre también sus ojos limpios,
deja que sus sacerdotes le gobiernen,
deja sus moradas cuando se lo piden.

1. El amor, hijo del vino. Se puede relacionar este poema báquico con las palabras del padre en el primer capítulo de la novela: «...Enrique no puede desmentir la hora que le trajo a este mundo: en sus palabras hierve el ardiente vino de Italia que había traído yo de Roma y que iluminó nuestra noche de bodas.»

Del seno oscuro de su cuna
sale vestido de cristal:
lleva en su mano la rosa
de una callada concordia.

Venidos de todas partes,
alegres acuden sus hijos,
y, balbucientes, sus lenguas entonan
cantos de amor y gratitud.

Su vida en mil rayos esparce
por doquier en el mundo;
en sus copas se sorbe el amor
y permanece para siempre en quien lo bebe.

Como espíritu de la Edad de Oro
inspiró siempre a los poetas;
y, embriagados por su fuerza,
cantaron ellos siempre sus amores.

Y a estos fieles servidores
les dio el derecho de besar
las bocas bellas; que nadie se lo impida:
por medio de él Dios os lo hace saber.

—¡Vaya, muy bonito! —gritaron las muchachas.

Schwaning se reía a gusto. Ellas se resistieron todavía un poco, pero no sirvió para nada. Tuvieron que ofrecer sus dulces labios al beso del poeta. A Enrique le pareció muy bien este privilegio de los poetas, y así hubiera querido decirlo en voz alta; pero ante una vecina tan seria le daba vergüenza. Verónica era una de las que habían ido a buscar las coronas. Volvió muy contenta y le dijo a Enrique:

—¿Qué bien, verdad, esto de ser poeta?

El muchacho no se atrevió a aprovecharse de esta pregunta. En su corazón luchaban una alegría desbordante y la seriedad del primer amor. Y como la encantadora

Verónica se puso a bromear con los otros, el muchacho tuvo tiempo de calmar un poco su primer impulso. Matilde le contó que tocaba la guitarra.

–¡Oh –dijo Enrique–, cómo me gustaría que me enseñárais! Hace tanto tiempo que tengo ganas de tocar este instrumento.

–Me enseñó mi padre –dijo ella, ruborizándose–; él la toca admirablemente.

–Sin embargo –contestó Enrique–, yo creo que con vos aprendería antes. ¡Qué placer poder oír vuestro canto!

–No os hagáis muchas ilusiones.

–¡Oh! –dijo Enrique–. ¿Por qué no si sólo vuestras palabras son ya un canto y si vuestra figura presagia una música celeste?

Matilde se calló. Su padre trabó conversación con Enrique; el muchacho hablaba con cálido entusiasmo. Los circunstantes se quedaron maravillados de la elocuencia de aquel mozo, de sus ideas y de la gran cantidad de imágenes con las que se expresaba. Matilde le miraba con silenciosa atención. Parecía gustarle lo que decía Enrique: eran unas palabras comentadas y aclaradas por la vivaz expresividad de su rostro. Los ojos del muchacho brillaban con una luz desusada. De vez en cuando se volvía a Matilde y quedaba sorprendido de la expresión de su rostro. Sin darse cuenta, en el ardor de la conversación, cogió la mano de la doncella; ésta no podía evitar el asentir a muchas de las cosas que él decía apretándole ligeramente la mano. Klingsohr sabía mantener este entusiasmo y poco a poco le hizo subir toda el alma a los labios.

Al fin todo el mundo se levantó. Los grupos se mezclaron unos con otros. Enrique se quedó al lado de Matilde; de pie, apartados del resto de los invitados, pasaban desapercibidos. El muchacho tomó la mano de su compañera y la besó tiernamente. Ella se la dejó y le miró con indecible ternura. Él, sin poderse contener, se inclinó hacia ella y la besó en los labios. Ella, sorprendida, contestó sin darse cuenta a su ardiente beso. «¡Matilde!» «¡Enrique!»..., esto fue todo lo que pudieron decirse el uno al otro. Ella le estrechó la mano y fue a juntarse con los otros. A Enrique le parecía estar en el cielo. Su madre se acercó a él. El muchacho le expresó toda su ternura.

—¿Verdad que hemos hecho bien viniéndonos a Ausburgo? —dijo ella—. ¿Te gusta, verdad?

—Madre —dijo Enrique—, nunca me lo hubiera podido imaginar. ¡Qué maravilloso es todo!

El resto de la velada transcurrió en una alegría sin fin. Los viejos jugaban, charlaban y contemplaban las danzas. En la sala, la música, como un mar de delicias, mecía en sus olas a la juventud embriagada.

Enrique sentía los encantadores anuncios del primer placer y del primer amor. También Matilde se dejaba llevar por el halago de aquellas olas y cubría sólo tras un leve velo su tierna confianza y la inclinación hacia él que se despertaba en su alma. El viejo Schwaning se daba cuenta de la comprensión mutua que iba a surgir pronto entre aquellos dos jóvenes y les hostigaba amablemente con bromas y chanzas.

Klingsohr le había tomado cariño a Enrique y se alegraba de ver los tiernos sentimientos que en él había despertado Matilde. Los otros jóvenes y las otras muchachas se habían dado cuenta en seguida, también, de aquel naciente amor. Le gastaban bromas a Matilde, aquella muchacha tan seria, aludiendo al joven de Turingia, y no disimulaban la satisfacción que les causaba el no tener que temer ya la mirada severa de la muchacha en sus asuntos sentimentales.

Era ya muy entrada la noche cuando los invitados se separaron. «La primera y la única fiesta de mi vida», se decía Enrique cuando su madre, cansada, se fue a dormir y él quedó solo. «¿No es verdad que me está ocurriendo algo parecido a lo que me ocurrió aquella vez que soñé con la Flor Azul? ¿Qué extraña relación debe de haber entre Matilde y aquella flor? Aquel rostro que salía del cáliz de la flor y que se volvía hacia mí era el rostro celestial de Matilde... y además me acuerdo de haberlo visto en aquel libro. Pero aquella vez, ¿por qué no movió mi corazón como ahora? ¡Oh!, es la encarnación del espíritu del canto, una digna hija de su padre. Me va a disolver en música. Va a ser lo más íntimo de mi alma, la que velará el fuego celeste que hay en mí. ¡Qué eterna fidelidad estoy sintiendo! He venido al mundo sólo para venerarla, para servirla eternamente, para hacerla el objeto de mis pensamientos y de mis sentimientos... Pero para contemplarla y para adorarla, ¿no hace falta ser una criatura especial, distinta y aparte de todas las demás?, y ¿soy yo el afortunado cuya esencia puede llegar a ser el eco y el espejo de la suya? No es ningún azar lo que me la ha hecho ver al término de mi viaje, lo que ha hecho que el momento supremo de mi vida haya estado envuelto por una fiesta tan hermosa como ésta. No podía ser de otra manera: su sola presencia ¿no lo convierte ya todo en una fiesta?»

Enrique se acercó a la ventana. El coro de estrellas brillaba en la oscuridad del cielo y al oriente una luz blanca anunciaba la llegada del nuevo día.

En pleno entusiasmo, el muchacho gritó: «¡Oh, astros eternos, caminantes silenciosos, a vosotros os llamo para que seáis testigos de mi sagrado juramento: quiero vivir para Matilde, y que mi corazón y el suyo estén unidos por eterna fidelidad! También para mí se levanta ahora el alba de un nuevo día que no tendrá fin. Me ofrezco como eterno holocausto a este sol naciente y, ante él, enciendo en mí una llama que no se extinguirá jamás»[1].

Enrique estaba enardecido y no se durmió hasta muy tarde, cuando ya amanecía. Los pensamientos que llenaban su espíritu vinieron a entremezclarse en extraños sueños. De una verde pradera ascendían los tenues destellos de un río azul y profundo. Una barca surcaba su lisa superficie. En ella estaba sentada Matilde y remaba. Estaba adornada con guirnaldas, cantaba una canción sencilla y dirigía al muchacho una mirada llena de dulce melancolía. Enrique sentía una opresión en el pecho y no sabía por qué. El cielo estaba sereno y las aguas tranquilas. El rostro

1. En este juramento de Enrique se encuentra esbozado el tema central de los *Himnos a la Noche*.

celestial de Matilde se reflejaba en las olas. De repente, la barca se puso a dar vueltas sobre sí misma. Él la llamó con un grito de angustia. Ella, sonriente, dejó el remo en la barca; ésta seguía dando vueltas sin parar. Un desasosiego sin límites se apoderó del muchacho. Se lanzó a la corriente, pero no podía avanzar; el agua se lo llevaba. Ella le hacía señas, parecía querer decirle algo; la barca empezaba a hacer agua; sin embargo, ella sonreía con una inefable ternura y miraba serenamente aquel remolino que, de repente, se la tragó. Una suave brisa acarició las aguas de aquel río, que, como antes, siguió corriendo tranquilo y resplandeciente. La angustia terrible que se había apoderado del muchacho le hizo perder el conocimiento. No volvió en sí hasta que se sintió sobre la tierra firme. Debió de haber recorrido un gran trecho a merced de aquellas aguas. Se encontraba en un país extraño. No sabía lo que le había ocurrido. Su vida interior se había esfumado. Sin pensar nada se adentró en aquel país. Sentía una terrible lasitud. De la falda de una colina salía una pequeña fuente; sus aguas tintineaban como sonoras campanas. Cogió algunas gotas con la mano y humedeció sus labios resecos. Aquella terrible aventura había pasado: había sido como un mal sueño. El muchacho andaba y andaba; las flores y los árboles le hablaban. Se sentía a gusto, como si estuviera en su patria. De repente, oyó de nuevo aquella sencilla canción que había oído antes. Corrió en dirección a aquella música. De pronto, alguien le detuvo, cogiéndole por la ropa. «¡Enrique!», gritó una voz conocida. El muchacho se dio la vuelta y Matilde le estrechó entre sus brazos. «¿Por qué corres? ¿Por qué me huyes, Enrique?», dijo ella, tomando aliento. «Por poco no te alcanzo». Enrique lloraba. El muchacho la estrechaba contra su pecho. «¿Dónde está el río?», gritó, entre sollozos. «Aquí, encima de nosotros, ¿no ves sus ondas azules?» Enrique levantó la vista y vio cómo el río azul discurría silencioso sobre su cabeza. «¿Dónde estamos, Matilde?» «En casa de nuestros padres». «¿Vamos a estar juntos?» «Sí, eternamente», contestó ella, apretando sus labios contra los de él y abrazándole tan fuertemente que no podía separarse del muchacho. Ella pronunció en su boca una palabra extraña y misteriosa que resonó por todo su ser. Enrique iba a repetirla cuando oyó la voz de su abuelo que le llamaba y se despertó. Hubiera dado su vida entera por acordarse de aquella palabra[1].

1. En la novela, la muerte de Matilde aparece únicamente en este sueño de Enrique: para Novalis el sueño y la realidad son una misma cosa – «el mundo se hace sueño, el sueño mundo», dice Astralis, el espíritu de la Poesía, en el poema que introduce la segunda parte.

VII

Klingsohr, de pie a los pies de su cama, le daba amablemente los buenos días. Él, despierto ya del todo, se lanzó a sus brazos.

—Esto no va para vos —dijo Schwaning.

Enrique sonrió y escondió su rubor en las mejillas de su madre.

—¿Os gustaría —dijo Klingsohr— desayunar conmigo fuera de la ciudad, en una hermosa colina? Esta espléndida mañana os va a entonar. Vestiros, Matilde nos espera ya.

Enrique, desbordante de alegría, dio las gracias a Klingsohr por aquella invitación tan agradable. En un momento estuvo listo; salió y besó la mano del poeta con gran efusión.

Fueron a encontrar a Matilde; la muchacha saludó amablemente a Enrique; llevaba un sencillo vestido de mañana, pero su aspecto era encantadoramente dulce. Había colocado el desayuno en el cesto, que llevaba en uno de sus brazos; con un gesto ingenuo y sencillo ofreció la otra mano al muchacho. Klingsohr les seguía, y, de este modo, atravesando la ciudad, que estaba ya en plena animación, se dirigieron a una pequeña colina que se levantaba junto al río y desde la que, entre inmensos árboles, pudieron contemplar un amplio panorama.

—Muchas veces —gritó Enrique— me he recreado viendo la eclosión de la Naturaleza en sus mil colores y contemplando la pacífica vecindad y convivencia de sus variadas riquezas, pero nunca como hoy me he sentido henchido de una alegría y una serenidad tan fecunda y tan pura. Aquellas lejanías me parecen tan cercanas... y este paisaje, tan rico, es para mí como una visión interior. ¡Qué cambiante es la Naturaleza!, tan inmutable como parece su superficie... ¡Qué distinta nos puede parecer si tenemos junto a nosotros a un ángel o a un espíritu poderoso, si vemos cómo se queja un indigente o si un campesino nos cuenta lo malo que ha sido el tiempo y lo mucho que necesitan los sembrados días nublados y lluviosos. A vos, querido maestro, os debo esta beatitud, sí, beatitud, porque no hay palabra que pueda expresar de un modo más exacto el estado de mi corazón. Alegría, placer, embeleso son sólo elementos de la beatitud, que es un estado que los enlaza para llevarlos a una vida más alta.

Enrique estrechó la mano de Matilde contra su corazón, y su mirada de fuego se sumergió en los ojos dulces y acogedores de la muchacha.

—La Naturaleza —contestó Klingsohr— es para nuestro espíritu lo que los cuerpos son para la luz. Ellos la retienen, la rompen en extraños colores; en su propia superficie o en su interior, iluminan una claridad que, cuando es igual a su oscuridad, los hace claros y transparentes; cuando vence esta oscuridad, irradia de ellos e ilumina a otros cuerpos. Sin embargo, el agua, el fuego y el aire pueden sacar a los cuerpos más oscuros de su tiniebla y hacerlos luminosos y brillantes.

—Os comprendo, maestro. Para nuestro espíritu los hombres son cristales, son la Naturaleza transparente. Matilde querida, quisiera daros un nombre: zafiro precioso y puro... Pero, decidme maestro, si tengo razón: me parece que es precisamente cuando uno más íntimamente familiarizado está con la Naturaleza cuando menos puede, y quiere, hablar de ella.

—Según como esto se tome —contestó Klingsohr—: no

es lo mismo considerar la Naturaleza desde el punto de vista de nuestro placer y de nuestro sentimiento que verla desde el punto de vista de nuestro intelecto, de la capacidad de dirigir las fuerzas del mundo. Hay que guardarse muy bien de que lo uno nos haga olvidar lo otro. Hay mucha gente que conoce sólo uno de estos dos aspectos y desdeña el otro. Pero podemos unir ambas cosas y entonces nos encontraremos bien en esta unión. La lástima es que tan pocos de nosotros nos preocupemos por adquirir, en nuestra vida interior, libertad y agilidad de movimiento; que tan pocos pensemos en asegurarnos, por medio de la adecuada separación, el uso natural y adecuado de nuestras potencias espirituales. Habitualmente una cosa estorba la otra, hasta tal punto que, poco a poco y sin que nada pueda impedirlo, van surgiendo una indolencia y una apatía tales que hacen que cuando estos hombres quieren juntar todas sus fuerzas para pasar a la acción empiece entonces en ellos una confusión y una discordia interior tan grandes que hacen que todo se tambalee. No me cansaré de recomendaros que pongáis todo vuestro esfuerzo en sostener y proteger vuestro intelecto y vuestra tendencia natural a saber cómo tienen lugar todas las cosas y de qué modo se encuentran vinculadas unas con otras por leyes de causa y efecto. Nada es tan imprescindible al poeta como la comprensión de la naturaleza de todas las actividades humanas, el conocimiento de los medios de que éstas se sirven para alcanzar sus fines y la presencia de espíritu para escoger los más convenientes según el momento y las circunstancias. El entusiasmo sin la inteligencia es una cosa inútil y peligrosa, y bien pocas maravillas podrá hacer el poeta si él mismo se asombra todavía de estas maravillas.

—¿Pero no es cierto también que al poeta le es imprescindible tener una fe profunda en el dominio del hombre sobre su destino?

—Ciertamente, le es imprescindible: y esto es así, porque, cuando él reflexiona de un modo maduro sobre el destino, le es imposible representárselo de otra manera. Sin embargo, esta serena certeza, cuán lejos está de aquella medrosa incertidumbre, de aquel miedo ciego que es la superstición. De ahí que el calor fresco y vivificante de un espíritu poético sea exactamente lo contrario de aquel ardor incontenible de un corazón enfermizo. Este es pobre, amodorrante y pasajero; aquél separa nítidamente unas formas de otras, favorece la creación de las más variadas relaciones y es por sí mismo eterno. El poeta, cuando es joven, no es nunca lo frío y reflexivo que hay que ser. Para llegar a poseer un lenguaje verdadero y melódico hace falta tener un espíritu amplio, atento y tranquilo. Cuando en el corazón del hombre ruge la tormenta que arrambla con todo y disuelve la atención en un caos de ideas, entonces no es posible el verdadero lenguaje; lo único que de ello puede resultar es una palabrería confusa y enmarañada. Repito: el espíritu, lo que es el espíritu, es como la luz, tan tranquilo y sensible, tan elástico y penetrante, tan poderoso e imperceptiblemente activo como este precioso elemento que se reparte sobre todas las cosas en la justa y exacta medida y que las hace aparecer a todas con una encantadora variedad. El poeta es acero puro: tan sensible como un frágil hilo de cristal y, a la vez, tan duro como un sílex.

—He experimentado ya algunas veces —dijo Enrique— que en los momentos de más intensa actividad interior me he sentido vivir menos que en los momentos en que podía moverme libremente y ejercer con placer toda clase de ocupaciones. En estos últimos me encontraba penetrado por un principio espiritual especialmente fino y agudo: me era posible utilizar a mi gusto cada uno de mis sentidos, podía darle la vuelta a cada uno de mis pensamientos, como si realmente fueran cuerpos, y observarlos desde todos los ángulos. Estaba en el taller de mi padre, silencioso y tomando parte en lo que allí se hacía, y me sentía feliz siempre que era capaz de ayudarle en algo y de realizar algo concreto con habilidad y destreza. Esta destreza tiene un encanto especial y reconfortante, y la conciencia de esta capacidad de actuar con éxito proporciona un goce más estable y más limpio que aquel sentimiento de desbordamiento que se experimenta ante lo sublime incomprensible e inmenso.

—No creáis, con todo —dijo Klingsohr—, que censuro esto último; lo que ocurre es que debe venir solo, no debemos buscarlo. Lo raro y escaso de su aparición tiene un efecto benéfico; si se prodiga llega a fatigar y a restarle a uno fuerzas. En este caso no es uno capaz de arrancarse con suficiente prontitud del dulce adormecimiento que este sentimiento deja, y de volver a una ocupación regular y trabajosa. Ocurre aquí como en los agradables sueños de la duermevela matinal: sólo haciéndonos violencia podemos deshacernos del sopor de su torbellino, si es que no queremos ser víctimas de un cansancio cada vez más opresivo y arrastrarnos así el día entero en un estado de agotamiento que linda con la enfermedad.

—La poesía —continuó Klingsohr— quiere ante todo que se la practique como un arte riguroso. Como mero goce deja de ser poesía. Un poeta no debe ser alguien que anda ocioso todo el día de un lado para otro a la caza de imágenes y sentimientos. Hacer esto sería equivocar totalmente el camino. Un espíritu puro y abierto, una facilidad para la reflexión y la observación, y una habilidad para poner en movimiento todas nuestras facultades y para mantenerlas así, para que se den vida unas a otras, éstos son los requisitos de nuestro arte. Si queréis que os dé un consejo os diré que no dejéis pasar ni un día sin haber enriquecido vuestros conocimientos, sin haber adquirido algunos saberes de utilidad. Esta ciudad es rica en artistas de todas clases. Aquí hay algunos estadistas de experiencia y algunos comerciantes cultos. Sin grandes dificultades puede uno trabar conocimiento con todos los estamentos, con todos los oficios, con todas las condiciones y exigencias de la comunidad humana. Me gustará mucho instruiros en el aspecto artesanal de nuestro arte y leer con vos las obras más notables. Al mismo tiempo podréis asistir a las clases que toma Matilde, y ella os enseñará gustosa a tocar la guitarra. Cada una de estas ocupaciones será una preparación para las demás, y, después de haber empleado la jornada de este modo, la charla y el entretenimiento de las reuniones de la tarde, así como la contemplación de los bellos paisajes de estos alrededores, os procurarán todos los días la sorpresa de los goces más puros.

—¡Qué vida tan hermosa me estáis revelando, maestro! Ahora, bajo vuestra dirección, sí voy a ver de un modo claro la noble meta que se encuentra ante mí; si no fuera por vuestros consejos no podría aspirar a alcanzarla.

Klingsohr le abrazó tiernamente. Matilde les llevó el desayuno, y Enrique le preguntó con dulce voz si le querría aceptar como compañero de clase y como alumno.

—Quisiera ser alumno vuestro para siempre —dijo el muchacho, aprovechando un momento en que Klingsohr miraba hacia otro lado.

Ella, de un modo imperceptible casi, se inclinó hacia él; éste la abrazó y besó su boca suave; la muchacha se ruborizó. Con un gesto dulce y sin violencia se deshizo de los brazos del muchacho, pero al mismo tiempo con una ingenuidad y un encanto indecibles le alargó una rosa que llevaba en su escote. Luego se puso a ordenar su cesto. Enrique, silencioso y embelesado, la seguía con la mirada; besó la rosa, la prendió en su pecho y se fue al lado de Klingsohr, que en aquel momento estaba mirando la ciudad.

—¿Por dónde llegasteis a Ausburgo? —preguntó Klingsohr.

—Por aquella colina abajo —contestó Enrique—. Allí, a lo lejos, se pierde nuestro camino.

—Debisteis de ver regiones muy bellas.

—Sí, casi todo el tiempo estuvimos atravesando paisajes hermosísimos.

—Vuestra ciudad tendrá también una situación bella y agradable como ésta, ¿no es verdad?

—La región es bastante variada; sin embargo, es todavía un poco salvaje; además, le falta un río grande; las corrientes de agua son como los ojos del paisaje.

—Ayer por la noche —dijo Klingsohr— el relato de vuestro viaje me gustó muchísimo, estaba encantado oyéndoos. Me di cuenta de que el espíritu de la poesía es amigo vuestro y no se separa de vuestro lado. Sin darse cuenta vuestros compañeros de viaje hablaban por él: cerca de un poeta todo se vuelve poesía. La tierra de la poesía, el romántico Oriente, os ha saludado con su dulce melancolía; la guerra os ha hablado con su salvaje grandiosidad, y la Naturaleza y la Historia os han salido al paso bajo la figura de un minero y un eremita[1].

—Estáis olvidando lo mejor, maestro: la aparición celeste del Amor. De vos, sólo de vos, depende el que esta aparición permanezca en mí para siempre.

—¿Qué opinas tú? —gritó Klingsohr, dirigiéndose a Matilde, que en aquel momento, precisamente, iba hacia él—. ¿Te gustaría ser la compañera inseparable de Enrique y poderle decir: «donde estés tú allí estaré yo también»[2]?

Matilde se asustó y corrió a los brazos de su padre. La alegría de Enrique no tenía límites; el muchacho temblaba.

—Pero, padre, ¿querrá él acompañarme eternamente?

—Pregúntaselo tú misma —dijo Klingsohr, emocionado.

—Pero si mi eternidad es obra tuya —gritó Enrique, mientras las lágrimas corrían por sus ardorosas mejillas.

Matilde y Enrique se encontraron uno en brazos del otro. Klingsohr les abrazó a los dos.

—¡Hijos míos —gritó—, sed fieles el uno al otro hasta la muerte! El amor y la fidelidad harán de vuestra vida una eterna Poesía.

1. Resumen de las etapas de la educación poética de Enrique.
2. Cita bíblica: Ruth I, 16.

VIII

Por la tarde, después de comer, Klingsohr llevó a su nuevo hijo a su habitación –la madre y el abuelo participaban enternecidos en la felicidad de Enrique y con veneración veían en Matilde al ángel tutelar del muchacho–; allí le enseñó primero sus libros y luego hablaron de poesía.

–Yo no sé –dijo Klingsohr– por qué consideramos poesía al hecho de que se tome a la Naturaleza por poeta. Porque no lo es siempre. Con la Naturaleza ocurre como con los hombres: su esencia está dividida y en ella se encuentra una interna contradicción; en su seno la sorda codicia, la insensibilidad y la inercia estúpidas libran una lucha sin tregua con la poesía. Sería un tema hermoso para un poema la gran batalla que tienen entablada estos dos mundos. Como la mayoría de los hombres, algunos países y algunas épocas –y no pocos, precisamente– parecen estar bajo el imperio de esta enemiga de la poesía; en otros, en cambio, ésta se encuentra como en su propia patria y se hace visible en todas partes. Para un historiador las épocas en que se libra esta batalla son extraordinariamente interesantes y su descripción es una tarea fascinante y llena de enseñanzas. Generalmente son las épocas en que nacen los poetas. Para esta Enemiga no hay nada más desagradable que el hecho de que ella misma, frente a la Poesía, se convierta en una persona poética, y no es raro que en el calor de la lucha cambie sus armas con ella y sea herida gravemente por sus propios dardos, llenos de perfidia; por el contrario, en cambio, las heridas que la Poesía recibe de sus propias armas se curan fácilmente y la hacen todavía más fuerte y atractiva.

—A mí la guerra, en cuanto tal —dijo Enrique—, me parece una obra poética. Los hombres creen que deben batirse por un miserable puñado de tierra y no se dan cuenta de que lo que les mueve es el espíritu romántico[1]; lo que persiguen, aun sin ellos saberlo, es la aniquilación de sus propios instintos bajos y mezquinos. Todos empuñan las armas por la causa de la poesía, y los dos ejércitos, sin verla, siguen una misma bandera.

—En la guerra —contestó Klingsohr— se ponen en movimiento los elementos originarios de la vida. Nuevos continentes deben surgir, nuevas razas deben nacer de esta gran agitación. La verdadera guerra es la guerra de religión: es una guerra que se encamina directamente a la destrucción total, y en ella el delirio del hombre aparece en su forma plenaria. Muchas guerras, de un modo especial las que se originan por odios nacionales, pertenecen a esta clase, y son verdaderos poemas. En ellas los verdaderos héroes se encuentran en su elemento: estos hombres que son la más noble réplica del poeta, que no son otra cosa que las fuerzas del mundo penetradas inconscientemente de poesía. Un poeta que fuera al mismo tiempo un héroe sería ya un enviado de Dios; sin embargo, nuestra poesía no es capaz de darnos una figura como ésta.

—¿Qué queréis decir con esto, padre? ¿Es posible que algo sea excesivo para la poesía?

—¡Qué duda cabe! Sólo que en realidad no habría que decir «para la poesía», sino «para los medios e instrumentos de los que disponemos en este mundo». Del mismo modo como cada poeta tiene un terreno propio del que no puede salirse, so pena de perder toda compostura y que-

1. Sobre el sentido del adjetivo romántico, ver la nota 1 capítulo II (pág.: 39).

darse sin aliento para seguir cantando, asimismo el conjunto de todas las fuerzas humanas tiene un límite de representabilidad más allá del cual la representación no puede seguir teniendo la coherencia y el perfil que le son necesarios y se disuelve en un caos vacío y engañoso. Cuando uno es aprendiz es cuando más debe guardarse de caer en estos excesos, porque a los jóvenes, debido a la especial vivacidad de su fantasía, les gusta demasiado trasponer aquellas fronteras y muchas veces tienen la presunción de querer aprehender y expresar con palabras lo suprasensible y lo desmesurado. Sólo la madurez que da la experiencia le enseña a uno a evitar los temas que exceden las posibilidades de la poesía y a dejar para la filosofía la labor de seguir las huellas de lo más elemental y lo más elevado. El poeta que ha alcanzado una cierta edad sabe encontrar la medida justa para disponer en un orden fácilmente comprensible, todo su rico y variado arsenal, y tiene buen cuidado en no abandonar toda esta riqueza, porque ella es la que le va a ofrecer la materia suficiente para su obra, así como los elementos de comparación que va a necesitar para ella. Me atrevería a decir, casi, que en todo poema el caos debe resplandecer a través del velo regular del orden. La riqueza de la invención no se hace inteligible y placentera más que por una disposición sencilla y delicada de las ideas; por el contrario, la mera simetría tiene la sequedad y la aridez de una figura geométrica. La mejor poesía está muy cerca de nosotros, y ocurre muchas veces que un objeto ordinario y corriente sea su materia preferida. Para el poeta la poesía es algo que se encuentra ligado a unos instrumentos limitados, y precisamente el uso de estos instrumentos es lo que la convierte en arte. El lenguaje, en sí mismo, tiene ya una esfera limitada. Más restringido todavía es el ámbito de un idioma nacional determinado. Por medio de la práctica y la reflexión aprende el poeta a conocer su lengua. Sabe perfectamente lo que puede hacer con ella y no se le ocurrirá jamás exigirle más allá de sus fuerzas. Sólo muy raras veces concentrará toda la energía de la lengua en un punto, porque esto resulta fatigoso y acaba por aniquilar el precioso efecto que produce la expresión enérgica, cuando se la emplea con acierto. El adiestrarse para grandes saltos es cosa de saltimbanquis, no de poetas. Pero sobre todo una cosa: los poetas nunca aprenderán bastante de los músicos y de los pintores. En estas artes salta a la vista de un modo especial cuán necesario es manejar de un modo económico los medios técnicos de que dispone el artista; aquí es donde se ve también la importancia que tiene la elección acertada de las proporciones. Y a su vez, no hay duda de que aquellos artistas podrían tomar de nosotros, y deberían agradecérnoslo, la independencia de la poesía, el espíritu que se encuentra dentro de toda creación poética y de toda invención, y, en general, de toda obra de arte. Aquellos artistas deberían ser más poéticos y nosotros deberíamos ser más musicales y más pictóricos —y todos, ellos y nosotros, permaneciendo fieles al modo y manera de nuestras respectivas artes—. No es el tema la finalidad del arte, sino la ejecución. Tú mismo verás qué cantos son los que mejor te salen: seguro que serán aquellos cuyos temas te sean más familiares y más actuales. Por eso podemos decir que la poesía se apoya totalmente en la experiencia. Por mi parte recuerdo que en mis años mozos no había cosa, por alejada y desconocida que me fuera, que yo no cantara con el mayor placer. ¿Qué pasaba?: pues que lo único que de aquello salía era un palabreo vacío y miserable en el que no había el más mínimo destello de verdadera poesía[1]. De ahi que incluso el escribir un cuento simbólico sea una tarea especialmente difícil, y que sean muy pocas las veces que un poeta joven logra llevarla a cabo con éxito.

—Me gustaría oír uno tuyo. Los pocos que he podido oír, siendo como eran tan insignificantes, me han gustado sobremanera; no sabría cómo explicarte la impresión que me produjeron.

1. La conversación con Klingsohr le ha revelado a Enrique el aspecto artesanal de la poesía. Comparar esta conversación con la que el joven tendrá después —en la segunda parte, cuando está ya maduro para este arte— con el médico Silvestre.

—Esta noche voy a satisfacer tu deseo. Me acuerdo de uno que compuse cuando todavía era bastante joven: en él se encuentran huellas bien claras de esta circunstancia; sin embargo, quizás esto va a hacer que te resulte más interesante, que aprendas más con él y que te haga pensar en muchas de las cosas que te he dicho.

—Realmente —dijo Enrique— la lengua es un pequeño universo de signos y sonidos. Al igual como el hombre dispone de ella a voluntad, así quisiera también disponer del vasto mundo y poder expresarse libremente en él. Y precisamente en el goce de revelar en el universo lo que está fuera de él, de poder realizar aquello en lo que consiste propiamente el impulso primario y genuino de nuestro ser, en este goce, precisamente, está el origen de la poesía.

—Es un hecho especialmente desgraciado el que la poesía tenga un nombre determinado y que los poetas formen un gremio especial. La poesía no es nada especial. Es el modo de actuar propio del espíritu humano. ¿No es verdad que en cada momento está el hombre anhelando y haciendo poesía?

Matilde entró en la habitación justamente en el momento en que Klingsohr decía:

—El amor, pongamos por caso. En ninguna parte como aquí se revela tan a las claras la necesidad de la poesía para la permanencia de la especie humana. El amor es mudo, sólo la poesía puede hablar por él. O si quieres, el amor en sí no es otra cosa que la forma suprema de poesía natural. Pero no quiero decirte cosas que tú sabes mejor que yo.

—Pero el padre del amor eres tú —le dijo Enrique, abrazando a Matilde, y los dos jóvenes besaron la mano de Klingsohr.

Este les abrazó a los dos y salió.

—Matilde —dijo Enrique, después de un largo beso—, me parece un sueño que seas mía; pero lo que todavía me parece más extraordinario es que no lo hayas sido siempre.

—Me parece —dijo Matilde— que te conozco desde tiempo inmemorial[1].

—¿Es posible que me ames?

—Yo no sé lo que es amor, pero lo que sí puedo decirte es que para mí es como si antes no hubiera vivido, como si mi vida empezara ahora, y que es tan grande lo que siento que ahora mismo quisiera morir por ti.

—Matilde, ahora sí que siento lo que es ser inmortal.

—Enrique, eres infinitamente bueno, por ti habla un espíritu grande y admirable. Yo no soy más que una pobre e insignificante muchacha.

—Cómo me estás avergonzando; todo lo que soy lo soy por ti; sin ti yo no sería nada. ¿Qué es un espíritu sin cielo?, y tú eres el cielo que me sostiene y me da vida.

—Qué criatura tan dichosa sería yo si tú fueras fiel como mi padre. Mi madre murió al poco de nacer yo, y él todavía la llora casi todos los días.

—No lo merezco, pero quisiera ser más feliz que él.

—Quisiera vivir mucho tiempo a tu lado, Enrique. Estoy segura de que tú me vas a hacer mejor.

—Ah, Matilde, ni la misma muerte nos separará.

—No, Enrique, donde yo esté, allí estarás tú[2].

—Sí, donde tú estés, Matilde, estaré yo eternamente.

—No comprendo lo que pueda ser la eternidad, pero diría que la eternidad debe de ser lo que siento cuando pienso en ti.

—Sí, Matilde, somos eternos porque nos amamos.

—No te puedes figurar, Enrique, con qué fervor esta mañana, al llegar a casa, me he arrodillado ante la imagen de nuestra Madre que está en los Cielos, y con qué indecible devoción le he rezado. Creí que iba a disolverme en lágrimas. Me parecía que me estaba sonriendo. Ahora sí que sé lo que es gratitud.

1. En el camino hacia la poesía cada nueva revelación es como el despertar de algo que yacía dormido en el alma del hombre. Recordar la coincidencia entre pasado y futuro, que tiene lugar, según Novalis, por obra de la poesía.

2. Insistencia en la frase bíblica a la que hace referencia la nota 2 del capítulo VII. Aquí se puede ver también una premonición de la muerte de Matilde y de la glorificación de Enrique.

—Oh, amada, el Cielo te ha entregado a mí para que yo te venere. Te adoro. Tú eres la santa que lleva mis deseos a Dios, la santa por la cual Dios se me revela y me da a conocer la plenitud de su amor. ¿Qué es la religión sino una comprensión sin límites, una unión eterna de corazones que se aman? ¿No es verdad que donde dos están unidos allí está Él? Tú eres el aire del cual viviré yo eternamente. Mi pecho no cesará nunca de aspirar este aire. Tú eres la magnificencia divina, la vida eterna cubierta con el más dulce y hermoso velo.

—Ay, Enrique, tú ya sabes cuál es el destino de las rosas: los labios marchitos, las pálidas mejillas ¿vas a apretarlas también con ternura contra tus labios?; las huellas de la edad ¿no van a ser también las huellas de un amor que pasó?

—¡Oh, si pudieras ver mi alma a través de mis ojos!, pero tú me amas y por esto me crees también. No comprendo lo que pueda ser esto que la gente llama la caducidad del encanto. ¡No!, el encanto no se marchita. Lo que me lleva a ti y lo que me une a ti de un modo tan indisoluble, lo que ha despertado en mí un anhelo eterno, esto no pertenece al tiempo. Sólo con que vieras cómo yo te veo a ti, qué imagen maravillosa penetra toda tu figura y de qué modo esta imagen me ilumina por dondequiera que voy, sólo con esto dejarías de temer la vejez. Tu forma sensible es sólo una sombra de esta imagen. Las fuerzas de la tierra forcejean y se tensan para fijar esta forma, pero la Naturaleza no ha llegado todavía a su madurez; la imagen es un arquetipo eterno, una parte de este mundo divino que no conocemos.

—Te comprendo, Enrique, porque al mirarte veo algo parecido[1].

—Sí, Matilde, el mundo superior está más cerca de lo que ordinariamente pensamos. En esta vida estamos viviendo ya en él y vemos cómo constituye la trama más íntima de la Naturaleza terrena.

1. La teoría platónica del amor en el sistema novaliano.

—Tú me vas a revelar todavía muchas cosas maravillosas, amado.

—¡Oh, Matilde!, es de ti de donde me viene el don de la profecía. Todo lo que tengo es tuyo; tu amor me introducirá en los santuarios de la vida, en el más secreto tabernáculo de tu alma; tú vas a exaltar mi espíritu a las supremas visiones. ¿Quién sabe si algún día nuestro amor no va a transformarse en alas de fuego que nos lleven a nuestra patria celestial antes de que nos alcancen la vejez y la muerte? ¿No es ya un milagro que tú seas mía, que yo te tenga en mis brazos, que tú me ames y quieras ser mía eternamente?

—A mí también me parece ahora todo posible, y siento muy claramente cómo en mí está ardiendo una llama silenciosa: quién sabe si nos estará transfigurando y desligando lentamente de los lazos que nos unen a esta tierra. Dime Enrique, dime, ¿tienes ya tú en mí la confianza sin límites que tengo yo en ti? Nunca hasta ahora he sentido una cosa como ésta, ni siquiera con mi padre, al que amo infinitamente.

—Matilde, para mí es un verdadero tormento que no pueda decírtelo todo de una vez, que no pueda entregarte ahora mismo todo mi corazón. Es la primera vez en mi vida, también, que abro de par en par mi interior. Ningún pensamiento, ningún sentimiento puedo ya mantener en secreto ante ti; tú tienes que saberlo todo. Todo mi ser tiene que mezclarse con el tuyo. Sólo una entrega total y sin límites puede satisfacer mi amor. Porque en esta entrega consiste precisamente el amor. Es una misteriosa fusión de lo más secreto y personal de tu ser y del mío.

—Enrique, nunca dos seres humanos se han podido amar así, como nos estamos amando ahora nosotros.

—No, porque nunca antes ha habido una Matilde.

—Ni un Enrique.

—¡Ah!, júrame otra vez que serás mía eternamente; el amor es una repetición infinita.

—Sí, Enrique, te juro que seré tuya eternamente; te lo juro ante la presencia invisible de mi buena madre.

—Te juro que seré tuyo eternamente, Matilde; tan verdadero como el amor es la presencia de Dios en nosotros.

Un largo abrazo y besos sin número sellaron el eterno vínculo de esta venturosa pareja.

IX

Por la noche había algunos invitados en casa de Schwaning. El abuelo bebió a la salud de los jóvenes novios y prometió preparar para muy pronto unas hermosas bodas.

—¿Qué se gana esperando? —dijo el viejo— «Bodas tempranas, amor duradero». Yo siempre lo he visto así: los matrimonios que se han concertado pronto han sido los más felices. Luego, más tarde, el matrimonio no tiene ya aquel fervor que tiene en los años mozos. El haber disfrutado en común de la juventud es algo que une indisolublemente. El recuerdo es la base más firme del amor.

Acabada la cena llegaron algunas personas. Enrique le pidió a su nuevo padre que cumpliera su promesa. Klingsohr dijo a todos los presentes:

—Hoy le he prometido a Enrique que contaría un cuento. Si la idea os gusta, estoy dispuesto.

—Has tenido una feliz ocurrencia, Enrique —dijo Schwaning—; hacía tiempo que no le oía contar nada. Todos se sentaron en torno al fuego de la chimenea. Enrique se sentó al lado de Matilde pasando el brazo por encima de sus hombros. Klingsohr empezó:

—La larga Noche acababa de empezar[1]. El viejo Héroe

1. No hay que confundir esta Noche —la noche polar— con la que aparece en los *Himnos.*

golpeaba su escudo, el sonido del hierro retumbó por todas las calles de la ciudad desierta. Repitió tres veces esta señal. Entonces las altas y multicolores ventanas del palacio empezaron a iluminarse desde dentro; al trasluz se veían figuras humanas que se movían. Cuanto más potente se hacía la luz rojiza de las ventanas, que ahora empezaba ya a iluminar las calles, con más vivacidad y animación se movían aquellas figuras. Poco a poco las grandes columnas y los potentes muros del palacio se fueron iluminando también; finalmente aparecieron bañados de un fulgor purísimo de un azul lechoso que jugaba con los matices más delicados. Ahora se veía ya toda la región. El reflejo de las figuras, el tumulto de las danzas, de las espadas, de los escudos y de los yelmos que de todos los lados se inclinaban hacia las coronas que aparecían aquí y allá, y finalmente, al igual que éstas, desaparecían para hacer sitio a una sencilla corona de laurel y formar un amplio círculo en torno a ella[1]: todo este espectáculo se reflejaba en el espejo helado del mar que rodeaba la montaña sobre la cual se encontraba la ciudad; también las altas montañas, que a lo lejos formaban como un cinturón en torno a este mar, estaban cubiertas hasta la mitad de su falda por un suave reflejo. No se podía distinguir nada con claridad. Sin embargo, de lejos llegaba un extraño ruido, como si procediera de un enorme taller[2]. La ciudad, por el contrario, tenía un aspecto luminoso y claro. Sus murallas, lisas y transparentes, reverberaban bellamente; se veía la excelente proporción, el noble estilo y la bella conjunción de los edificios. En todas las ventanas había vasijas de barro llenas de las más variadas flores de hielo y nieve que brillaban de un modo fascinante.

Lo más bello era el jardín: se encontraba en la gran plaza que había delante del palacio; sus árboles eran de metal y sus plantas de cristal, y estaba todo él sembrado de

1. Según Marcel Camus, Novalis presenta aquí una prefiguración del triunfo final de la Poesía.

2. El taller de las Parcas que, como se verá en el relato de Klingsohr, se encuentra situado debajo del palacio de Arctur.

piedras preciosas en forma de flores y frutos. La variedad y la gracia de las formas, la movilidad y vivacidad de las luces ofrecían a la vista el más bello de los espectáculos; un gran surtidor que salía del centro del jardín y que estaba helado acababa de completar aquel espléndido cuadro. El Héroe pasaba lentamente por delante de las grandes puertas del palacio. Allí dentro una voz gritó su nombre. El Héroe empujó la puerta, que se abrió con suave sonido, y penetró en la sala. Se cubría el rostro con el escudo. «¿No has descubierto todavía nada?», dijo con voz lastimera la hermosa hija de Arctur. Estaba recostada entre cojines de seda en un trono trabajado ingeniosamente en un gran bloque de cristal de azufre; unas doncellas se afanaban en frotar sus delicados miembros que parecían hechos de una fusión de leche y púrpura. De las manos de las doncellas salían en todas direcciones los hermosísimos rayos de luz que emanaban del cuerpo de la hija de Arctur y que daban al palacio aquella claridad inusitada. Una fragante brisa sopló en la sala. El Héroe no decía nada. «Déjame tocar tu escudo», dijo ella dulcemente. El se acercó al trono andando por encima de la preciosa alfombra. Ella cogió su mano, la apretó tiernamente contra su pecho celeste y tocó su escudo. Su armadura resonó y el Héroe sintió que una fuerza penetraba por todo su cuerpo y le infundía nueva vida. Sus ojos empezaron a brillar como centellas y se oyó como su corazón golpeaba contra su coraza. La hermosa Freya adquirió un aspecto más sereno y alegre, y la luz que emanaba de su figura se hizo más ardiente. «¡El Rey llega!»[1], gritó un espléndido pájaro que estaba posado detrás del trono. Las criadas extendieron sobre la princesa un cobertor azul celeste que le llegaba hasta el pecho. El Héroe bajó el escudo y levantó la vista hacia la cúpula, a la que ascendían serpenteando dos escaleras que arrancaban de los dos lados de la sala. Una suave música precedió al

1. Eros, el dios griego del amor. Su unión con Freya, la diosa germánica del amor, instaurará el reino del Amor en la tierra. Freya ha comunicado a Hierro su fuerza magnética. El ave Fénix, símbolo de eternidad, anuncia el reino futuro de estos dos dioses.

Rey, que, acompañado de un gran séquito, no tardó en aparecer en la cúpula y descender a la sala.

El hermoso pájaro desplegó sus espléndidas alas, las agitó suavemente y, como si tuviera mil voces, cantó esta canción al Rey:

No va a tardar mucho el bello Extranjero.
Se acerca un calor tibio, la eternidad empieza.
La reina despertará de sus largos sueños
cuando el mar y la tierra se derritan al fuego del Amor.
La fría Noche saldrá de estos parajes
cuando Fábula recobre su antiguo derecho.
En el seno de Freya se abrasará el mundo
y toda nostalgia encontrará su nostalgia[1].

El Rey abrazó a su hija con ternura. Los espíritus de las estrellas se colocaron en torno al trono; el Héroe ocupó su lugar en aquel círculo. Una multitud incontable de estrellas llenaron la sala formando graciosos grupos. Las criadas trajeron una mesa y una cajita en la que había gran cantidad de hojas con signos sagrados y de profundo sentido, formados solamente por constelaciones. El Rey, con gran veneración, besó aquellas hojas, las barajó cuidadosamente y entregó algunas de ellas a su hija. Las otras las guardó para él. La princesa fue sacando las hojas una detrás de otra y las fue colocando encima de la mesa; entonces el Rey observó las suyas con atención y empezó a ponerlas al lado de las de la princesa; antes de colocar cada una de ellas estaba meditando largo tiempo a ver cuál escogía. A veces parecía obligado a escoger ésta o aquélla. Pero a menudo se leía en su rostro la alegría que le causaba el encontrar una hoja que formara una hermosa armonía de signos y figuras.

1. En toda la Naturaleza yace una oscura nostalgia de algo superior. Por obra de la Poesía esta nostalgia cobra conciencia de sí misma y de su objeto: «todo ser, meditando, busca la Gran Palabra», dirá Astralis, el espíritu del canto, en el primer capítulo de la segunda parte.

Así que empezó el juego, los circunstantes dieron muestras del más vivo interés por lo que hacía el Rey; se veían los gestos y las expresiones de cara más singulares, como si cada uno de los que estaban allí tuviera en sus manos un instrumento invisible con el que trabajara afanosamente. Al mismo tiempo se oía en el aire una música suave, pero penetrante: parecía originarse en la extraña danza que tejían y destejían las estrellas, así como en los otros movimientos, caprichosos y raros también, como los de ellas, que se producían en la sala. Las estrellas, lentas unas veces, rápidas otras, daban vueltas por la estancia describiendo líneas siempre nuevas, y, al compás de la música, imitaban con gran arte las figuras de las hojas. La música, al igual que las imágenes que había sobre la mesa, cambiaba sin cesar, y si bien no era raro oír transiciones bruscas y sorprendentes, sin embargo, un motivo único y sencillo parecía enlazar todo el conjunto. Las estrellas, con su ligereza increíble, seguían en su vuelo las figuras que se iban formando sobre la mesa. Ahora se entrelazaban unas con otras, en una gran maraña; ahora volvían a ordenarse bellamente en grupos aislados; unas veces aquel largo cortejo, como un rayo de luz, se pulverizaba en mil pequeñas centellas; otras, pequeños círculos y diminutos diseños iban creciendo, creciendo, hasta volver a hacer surgir una figura grandiosa y sorprendente. Durante todo este tiempo las figuras multicolores que se veían en las ventanas permanecieron inmóviles de pie. El pájaro agitaba sus alas sin cesar, en movimientos siempre nuevos. Hasta entonces el viejo Héroe se había estado dedicando afanosamente a su invisible trabajo; de repente, el Rey gritó alborozado:

—Ahora todo volverá a su cauce. Hierro, lanza tu espada al mundo, que todos sepan dónde se encuentra la Paz.

El Héroe, con gesto violento, sacó la espada de la vaina que llevaba en la cintura, la levantó en alto, con la punta mirando hacia el cielo, la cogió con fuerza y la arrojó por la ventana abierta; el arma sobrevoló la ciudad y el mar helado, como un cometa, y pareció romperse en mil pedazos contra el círculo de montañas que rodeaba este mar, porque cayó deshecha en una lluvia de centellas.

En aquel tiempo, Eros, el hermoso niño, dormitaba dulcemente en su cuna mientras Ginnistan, su nodriza, lo mecía y daba el pecho a Fábula, la hermana de leche de Eros. Ginnistan había colocado su pañuelo de cuello, de vivos colores, sobre la cuna del niño, para que la claridad de la lámpara que el Escriba tenía delante no pudiera molestar al niño. Aquél escribía sin cesar; sólo de vez en cuando dirigía una mirada malhumorada a los niños y hacía extrañas muecas a la nodriza, que le sonreía bondadosamente y callaba.

El Padre[1] entraba y salía continuamente de la habitación; en cada una de sus visitas observaba a Eros y Fábula y saludaba amablemente a Ginnistan. Siempre tenía algo que decirle al Escriba. Este le escuchaba con atención, tomaba nota de sus palabras y enseñaba las hojas a una mujer de noble aspecto, parecida a una diosa, que estaba apoyada en un altar; sobre él había una copa de colores oscuros que contenía un agua clara; la mujer se miraba en ella y sonreía con expresión de serena alegría. Cada vez que el Escriba le daba una hoja la sumergía en el agua y la volvía a sacar; después de esto la miraba, y si alguno de los signos que había en ella no se había borrado y había adquirido la claridad del agua, devolvía la hoja al Escriba; éste las iba atando a un grueso libro. Muchas veces se le veía malhumorado porque su esfuerzo había sido inútil, todo lo que había escrito se había borrado. De vez en cuando la mujer se volvía a Ginnistan y a los niños, metía sus dedos en la copa y esparcía sobre ellos algunas gotas; así que éstas tocaban a la nodriza, a los niños o a la cuna se convertían en una nube azul que empezaba a dar vueltas en torno a ellos formando mil extrañas figuras que iban cambiando continuamente. Si casualmente una de estas figuras tocaba al Escriba, inmediatamente caían de ella una gran cantidad de

1. El Padre representa el Sentido, como síntesis de los sentidos humanos perecederos; es el que va proporcionando información al Escriba, la razón.

números y figuras geométricas[1]; él se afanaba en enlazarlas con un hilo y se las colgaba como un adorno en torno a su enjuto cuello. La Madre[2] del niño, que era la gracia y el encanto en persona, entraba a menudo en la habitación. Se la veía siempre atareada; cada vez que salía se llevaba algún objeto; si el Escriba, que, suspicaz y con mirada inquisitiva, iba siguiendo los movimientos de aquella mujer, se daba cuenta de ello, empezaba a sermonearla; sin embargo, nadie le prestaba atención: todo el mundo parecía acostumbrado a aquellas inútiles recriminaciones. A veces, por unos momentos, la Madre daba el pecho a la pequeña Fábula; pero pronto la volvían a llamar; entonces Ginnistan volvía a coger a la niña, que parecía estar más a gusto en el pecho de su nodriza que en el de la Madre. De repente, el Padre entró con una varilla de hierro muy fina que había encontrado en el patio. El Escriba la miró, la cogió y empezó a hacerla girar con toda rapidez, y pronto advirtió que si la colgaba de un hilo por su punto medio ella sola giraba hacia el Norte. Ginnistan la cogió en sus manos, la dobló, la apretó, le echó aliento y la varilla tomó inmediatamente la forma de una serpiente que de repente se mordió la cola. El escriba se cansó muy pronto de observar todo aquello. Se puso a tomar nota de todo con gran precisión, extendiéndose mucho sobre la utilidad que aquel hallazgo podía reportar. Pero cuál no fue su irritación al ver que todo lo que había escrito sucumbía a la prueba y que la hoja de papel salía blanca de la copa. La nodriza siguió jugando con la varilla. De vez en cuando tocaba la cuna con ella; entonces el niño empezó a despertarse, retiró la manta que le cubría y, protegiéndose con una mano de la luz, alargó la otra para coger la serpiente. Así que se la dieron saltó con tal vigor de la cuna que Ginnistan se asustó y el Escriba, aterrorizado, estuvo a punto de caer de la silla. Cubierto solamente por sus largos cabellos de oro, Eros estaba de pie en la habitación y contemplaba con indecible alegría la joya que en sus

1. El saber de Sofía se degrada en cifras y signos al entrar en contacto con la razón.
2. Representa el corazón, los sentimientos humanos.

manos se estiraba hacia el Norte; aquello parecía conmoverlo vivamente en lo más profundo de su alma. Se veía al niño crecer por momentos.

—Sofía —dijo con voz conmovedora a la mujer—, déjame beber de la copa.

Ella se la acercó sin vacilar un solo momento; él no podía dejar de beber; la copa, no obstante, permanecía siempre llena. Finalmente se la devolvió a aquella noble dama y la abrazó con ternura. Luego estrechó contra su pecho a Ginnistan y le pidió que le diera el pañuelo de colores que llevaba atado siempre a la cintura. A la pequeña Fábula la tomó en sus brazos. La niña parecía muy contenta con él y empezó a parlotear. Ginnistan estaba muy pendiente de él; con un aspecto extraordinariamente atractivo y frívolo, estrechaba contra ella a Eros con la ternura de una novia. Llevó al muchacho a la puerta de la habitación después de decirle unas palabras al oído, pero Sofía, con gesto severo, señaló a la serpiente. En aquel momento entró la Madre; Eros corrió hacia ella y la recibió con ardientes lágrimas. El Escriba, furioso, se había marchado. Entonces entró el Padre, y, al ver a madre e hijo unidos en un silencioso abrazo, se acercó a Ginnistan, pasando por detrás de ellos dos, y la acarició. Sofía subió las escaleras. La pequeña Fábula tomó la pluma del Escriba y se puso a escribir. Madre e hijo se sumieron en un diálogo en voz baja; el Padre, acompañado de Ginnistan, se marchó sin hacer ruido a la habitación de al lado para descansar en sus brazos de los trabajos de la jornada. Al cabo de un buen rato volvió Sofía. El Escriba volvió a entrar también. El Padre salió de la habitación contigua y se fue a sus ocupaciones. Ginnistan volvió con las mejillas encendidas. El Escriba, con una sarta de injurias, echó a la pequeña Fábula de su sitio, necesitó algún tiempo para poner sus cosas en orden. Cogió las hojas que había escrito Fábula y se las dio a Sofía para que las sumergiera en la copa y se las devolviera limpias, pero su indignación llegó al máximo al ver que Sofía le devolvía las hojas tal como las había escrito Fábula, llenas completamente; el agua había dado a la letra de la niña el brillo que daba a la escritura que no borraba. Fábula se arrimó a su madre; ésta la tomó en sus brazos y la estrechó contra su pecho, luego se puso a limpiar la habitación, abrió las ventanas para que entrara aire fresco y empezó a hacer los preparativos para un gran banquete. A través de las ventanas se veía un panorama espléndido; un cielo claro y limpio cubría la tierra. En el patio, el Padre estaba entregado a una gran actividad. Cuando se cansaba levantaba la vista hacia la ventana en la que estaba Ginnistan; ésta le echaba toda clase de golosinas. La Madre y el hijo salieron para ayudar dondequiera que se les necesitara y para preparar la realización del proyecto. El Escriba iba manejando la pluma y hacía una mueca siempre que necesitaba preguntarle algo a Ginnistan —que tenía una memoria excelente y retenía todo lo que había ocurrido—. Muy pronto volvió Eros; traía una hermosa coraza, en torno a la cual llevaba atado, a modo de faja, el pañuelo de colores que le había regalado Ginnistan. Pidió consejo a Sofía: le preguntó cuándo y cómo debía emprender el viaje. El Escriba, indiscreto y entrometido, se apresuró a ofrecer un detallado plan de viaje, pero sus proposiciones no fueron escuchadas. «Puedes marcharte enseguida; Ginnistan te acompañará —dijo Sofía—; sabe el camino y la conocen bien en todas partes. Para no tentarte tomará la forma de tu madre. Si encuentras al Rey piensa en mí, entonces yo vendré en tu ayuda.»

Ginnistan cambió su figura con la de la Madre —cosa que pareció gustarle mucho al Padre. El Escriba se alegró de que los dos se marcharan; sobre todo porque, al despedirse, Ginnistan le regaló un librillo en el que había ido anotando con todo detalle la crónica de la familia. Lo único que le pesaba era que Fábula se quedara; para estar tranquilo y contento no hubiera deseado otra cosa que verla entre los que se marchaban. Eros y Ginnistan se arrodillaron ante Sofía; ésta les bendijo y les dio una vasija llena de agua de la copa para que la llevaran durante el viaje. La Madre estaba muy afligida. La pequeña Fábula hubiera querido acompañarlos; el Padre estaba demasiado ocupado fuera de la casa para interesarse vivamente en todo lo que estaba ocurriendo.

Era de noche cuando partieron; la luna estaba en lo alto del cielo.

—Eros, querido —dijo Ginnistan—, debemos darnos prisa: tenemos que ir a ver a mi padre[1], hace tanto tiempo que no me ha visto y ha estado buscándome con una nostalgia tan grande por toda la tierra... ¿No ves su cara pálida y consumida por el dolor? Tú darás testimonio de que soy yo, para que así me conozca bajo esta figura extraña.

Por un camino oscuro iba el Amor,
sólo la Luna le miraba;
el reino de las sombras florecía,
extrañamente engalanado.

Una nube azul, con un marco dorado,
envolvía al Amor;
la Fantasía le llevaba
presurosa por llanos y torrentes.

Su ardiente pecho se llenaba
de un prodigioso valor.
Un presentimiento del cercano placer
colmaba la furia de su ardor.

No sospechando la cercanía del Amor,
se lamentaba la Nostalgia;
un dolor sin esperanza
grababa surcos profundos en su rostro.

La pequeña serpiente permanecía fiel,
señalaba hacia el Norte;

1. La Luna —en alemán tiene el género masculino—, representa la Imaginación, su hija es la Fantasía.

los dos siguieron confiados
a su hermosa guía.

El Amor atravesó desiertos
y pasó por el reino de las nubes;
entró en la corte de la Luna
llevando a su hija de la mano.

El Rey, sentado en un trono de plata,
estaba solo con su dolor;
al oír la voz de su hija
se dejó caer en sus brazos.

Eros estaba conmovido al ver estos tiernos abrazos. Al fin el anciano logró sobreponerse a la gran emoción y dio la bienvenida a su huésped. Luego cogió un gran cuerno y sopló con todas sus fuerzas. La gran llamada retumbó por toda aquella antigua fortaleza. Las puntiagudas torres, con sus brillantes florones, y los tejados bajos y negros temblaron. El castillo estaba silencioso porque se había trasladado a la montaña que había al otro lado del mar. De todas partes acudieron en tropel los criados del anciano; tenían un aspecto singular y llevaban extraños trajes; a Ginnistan le divirtió sobremanera el aspecto de aquellos hombres; al valeroso Eros no le asustaron. Ella saludó a sus antiguos conocidos; cada uno de ellos se le presentó con nueva fuerza y en todo el esplendor de su naturaleza. El espíritu impetuoso de la Pleamar siguió a la calma y suavidad de la Bajamar. Los viejos Huracanes se tumbaron junto al pecho palpitante de los Terremotos, ardientes y apasionados. Los tiernos Aguaceros se volvieron hacia el Arco Iris que, alejado del Sol, que le atraía más, estaba pálido y descolorido. Detrás de las incontables Nubes que, con sus mil encantos, atraían a estos fogosos jóvenes, el Trueno, con voz ronca, refunfuñaba contra las locuras de los Rayos. La Mañana y el Atardecer, las dos graciosas y dulces hermanas, se alegraron mucho de la llegada de los viajeros. Los abrazaron y derramaron tiernas lágrimas. Era indescriptible el aspecto de aquella extraña Corte. El anciano monarca no se cansaba de mirar a su hija. Ella se sentía inmensamente feliz en el castillo de su padre y contemplaba una y otra vez las maravillas y curiosidades que le eran ya conocidas. Su alegría fue ya indecible cuando su padre le dio la llave del Tesoro, permitiéndole organizar allí un espectáculo que entretuviera a Eros hasta que se les diera la señal para partir. El Tesoro era un gran jardín cuya variedad y riqueza sobrepasaban toda descripción. Entre los inmensos árboles, hechos de nubes y lluvia, había infinidad de castillos de aire de sorprendente arquitectura y si uno parecía hermoso el otro lo parecía todavía mucho más. Grandes rebaños de corderitos, de lana plateada, dorada y rosada, vagaban por allí, y los animales más peregrinos poblaban aquel soto. Extrañas estatuas se levantaban por doquier, y los brillantes cortejos y los carruajes de aspecto desusado que aparecían por todas partes no daban un momento de reposo a la atención. Los arriates estaban llenos de flores de todos los colores. En los edificios había gran cantidad de armas de todas clases; las salas estaban llenas de las más hermosas alfombras, tapices, cortinas, copas y toda clase de instrumentos y útiles; estas riquezas se encontraban alineadas en filas tan largas que la vista no podía abarcarlas. Desde una altura divisaron un país romántico: esparcidos por él se veían ciudades, castillos, templos y sepulturas; este paraje aunaba el encanto y la gracia de los llanos habitados con la terrible fascinación del desierto y de las regiones montañosas y escarpadas. En aquel espectáculo los más hermosos colores se mezclaban en las más felices combinaciones. Las cimas de las montañas, con sus mantos de hielo y nieve, brillaban como el fuego del placer. La llanura sonreía con su más tierno verdor. Las lejanías se adornaban con todas las variaciones del azul y sobre el fondo oscuro del mar ondeaban los mil gallardetes multicolores de numerosas escuadras. Allí, en el fondo de este gran escenario se veía un naufragio, en la parte de delante una alegre comida campestre; allí la erupción, a la vez bella y terrible, de un volcán y los estragos devastadores de un terremoto; y en primer plano, a la sombra de unos árboles, una pareja de enamorados en medio de las más dulces caricias. Mirando hacia abajo se veía una horrible batalla, y un poco más abajo un teatro lleno de grotescas máscaras. Al otro lado, en primer plano, el cadáver de una muchacha joven colocado en un ataúd y un amante desconsolado asiéndose fuertemente a él, al lado, llorando, los padres de la muchacha. Al fondo, una madre, bella y graciosa, dando el pecho a su hijo; a sus pies, sentados, y sobre un árbol, mirándola por entre las ramas, había unos ángeles. Las escenas cambiaban continuamente; al fin se fundieron todas en un espectáculo inmenso y misterioso. El cielo y la tierra estallaron en una agitación sin límites. Todos los terrores se desencadenaron. Una voz potente llamó a las armas. Un horrible ejército de esqueletos llevando banderas negras bajó, como un torrente, de las oscuras montañas y atacó a la Vida, que con sus grupos de jóvenes se entregaba a agradables fiestas en las claras llanuras, ignorante y desprevenida ante cualquier ataque. Sobrevino una espantosa confusión: la tierra temblaba, la tempestad rugía y horribles meteoros iluminaron la noche. Con una crueldad inaudita, el ejército de fantasmas rasgaba los tiernos miembros de los vivientes. Levantaron una pira y entre alaridos de horror los hijos de la Vida fueron devorados por las llamas. De pronto, del oscuro montón de cenizas brotó un río azul lechoso que corría en todas direcciones. Los espectros quisieron huir, pero la corriente iba creciendo por momentos y acabó tragando aquella abominable nidada. Pronto desaparecieron todos los terrores. Cielo y Tierra se fundieron en dulce armonía. Una bellísima Flor flotaba resplandeciente sobre las suaves olas. Un brillante arco iris se extendió sobre las aguas; sobre él, a ambos lados y hasta la línea del horizonte se veían figuras divinas sentadas en espléndidos tronos. En el más alto estaba sentada Sofía: tenía la copa en la mano, junto a ella había un hombre majestuoso que llevaba en sus sienes una corona de hojas de encina y en la mano derecha, a modo de cetro, la palma de la paz. Un pétalo de lirio vino a inclinarse sobre el cáliz de la flor flotante; sobre él estaba sentada la pequeña Fábula y cantaba, acompañándose con un arpa, las más dulces canciones. En el cáliz, inclinado sobre una hermosa muchacha medio dormida que le tenía cogido fuertemente, estaba el mismo Eros. Unos pétalos más pequeños les rodeaban a los dos de modo que de la cintura hacia arriba parecían transformados en una flor.

Eros dio las gracias a Ginnistan con mil expresiones de entusiasmo; la abrazó tiernamente y ella correspondió a este abrazo con dulces caricias. Cansado por las penalidades del camino y por las muchas y variadas cosas que en él había visto, Eros aspiraba sólo a encontrar un poco de comodidad y reposo. Ginnistan, que se sentía fuertemente atraída por la belleza del muchacho, se guardaba muy bien de mencionar la bebida que Sofía le había dado para el camino. Le llevó a un lugar apartado, en el que podría tomar un baño, le quitó la armadura y ella se puso una túnica de noche que le daba un aspecto extraño y seductor.

Eros se sumergió en las peligrosas ondas y salió de ellas embriagado. Ginnistan le secó y frotó sus miembros fuertes y tensos por el vigor de la juventud. El muchacho, con una ardiente nostalgia, se acordó de su amada y, en un dulce desvarío, abrazó a la encantadora Ginnistan. Olvidado de todo, se abandonó al fuego impetuoso de su ternura y finalmente, después de haber agotado las delicias del placer, se durmió en el dulce pecho de su compañera.

Mientras tanto, en la casa las cosas habían tomado un sesgo luctuoso. El Escriba había implicado a los criados en una peligrosa conspiración. En su enemiga por todos, llevaba tiempo buscando la ocasión para hacerse con el mando de la casa y sacudirse el yugo; y la encontró. Primero sus secuaces se apoderaron de la Madre y la encadenaron. Al Padre lo pusieron a pan y agua. La pequeña Fábula oyó el griterío en la habitación vecina. Se escondió detrás del altar y, al darse cuenta de que en la parte posterior de éste había una puerta secreta, la abrió con gran habilidad y vio que había una escalera que descendía hacia el interior. Cerró la puerta detrás de ella y fue bajando los peldaños en la oscuridad. El Escriba, furioso, se precipitó en la habitación para vengarse en la pequeña Fábula y coger prisionera a Sofía. Pero las dos habían desaparecido. Tampoco la copa estaba allí. El Escriba, furioso, rompió en mil pedazos el altar, pero no encontró la escalera secreta.

La pequeña Fábula estuvo bajando mucho tiempo. Al fin fue a salir al aire libre; se encontró en una plaza redonda bellamente rodeada por una espléndida columnata y cerrada por una gran puerta. Aquí todas las figuras eran oscuras. El aire era como una inmensa sombra; en el cielo había un astro negro y resplandeciente. Se podía distinguir perfectamente una cosa de otra, porque cada figura tenía un matiz distinto de negro y arrojaba tras de sí un brillo luminoso: la luz y la sombra parecían haber cambiado sus papeles en aquel lugar. Fábula estaba contenta de encontrarse en un mundo nuevo y lo miraba todo con curiosidad infantil. Al fin llegó a la puerta; delante de ella, sobre un sólido pedestal, había una hermosa esfinge.

—¿Qué buscas? —dijo la Esfinge.

—Busco lo que es mío —replicó Fábula—.

—¿De dónde vienes?

—De tiempos antiguos.

—Todavía eres una niña.

—Y lo seré eternamente.

—¿Quién va a cuidar de ti?

—Yo sola me basto. ¿Dónde están las Hermanas —preguntó Fábula—[1].

—En todas partes y en ningún sitio —fue la respuesta de la Esfinge—.

—¿Me conoces?

—Todavía no.

—¿Dónde está el Amor?

—En la Imaginación[2].

1. Las tres Parcas.
2. Eros está preso en la Luna, ver nota 2 del capítulo IX (pág.: 158).

—¿Y Sofía?

La Esfinge murmuró unas palabras que Fábula no pudo oír bien e hizo ruido con las alas.

—¡Sofía y Amor! —gritó triunfante Fábula, y atravesó el arco. Entró en la terrible caverna y se dirigió alegremente hacia las viejas Hermanas que, a la mísera oscuridad de una lámpara de llama negra, estaban entregadas a su extraño quehacer. Hicieron como si no se hubieran dado cuenta de la presencia de aquel pequeño huésped que con actitud gentil y acariciadora se mostraba afanosa a su alrededor. Al fin una de ellas, mirando de reojo y con voz cascada, graznó:

—¿Qué haces aquí, perezosa? ¿Quién te ha dado permiso para entrar? Lo que haces, ahí dando saltitos como una niña pequeña, es mover la llama, tranquila como estaba sin ti, y gastar aceite en vano. ¿No puedes sentarte y hacer algo?

—Hermosa prima —dijo Fábula—, no es la holganza lo que a mí me gusta. Con el guardián de vuestra puerta me he reído a gusto. Creo que le hubiera gustado abrazarme, pero ha debido de comer demasiado, no podía ni levantarse. Dejadme sentar a la puerta y dadme algo para hilar, porque aquí no veo bien y cuando hilo necesito poder cantar y charlar, y esto podría estorbar vuestros graves pensamientos.

—No te dejamos salir de aquí, pero en la habitación de al lado tienes un rayo de luz del mundo superior que penetra por las grietas de la roca; allí puedes hilar, si es que sabes; aquí tienes enormes montones de viejos cabos: retuércelos unos con otros y haz un hilo con ellos; pero fíjate bien: si trabajas sin cuidado o si se te rompe un hilo, entonces los hilos se enroscarán en torno a tu cuerpo y te ahogarán.

La vieja se rió pérfidamente y siguió hilando.

Fábula cogió un brazado de hilos, cogió también una rueca y un huso, y, dando brincos y cantando, se fue a la habitación de al lado. Miró por la abertura abierta en la roca y vio en el cielo la constelación de Fénix. Contenta de este feliz augurio se puso a hilar con alegría y buen humor;

dejó un poco abierta la puerta de la habitación y empezó a cantar a media voz:

Despertad en vuestras celdas,
hijos de tiempos pasados[1]*;*
abandonad vuestros lechos,
que el día no está lejano.

Vuestros hilos, en mi rueca,
en un hilo se convierten;
terminó la edad del odio:
todos seréis una Vida.

Todos vivirán en todos
y todos en cada uno;
y en un mismo corazón
latirá una sola Vida.

Ahora no sois más que alma,
sois sortilegio y sois sueño:
id corriendo a la caverna
y hostigad a las tres Parcas.

El huso giraba con increíble rapidez entre los piececitos de la niña mientras sus dos manos iban torciendo el fino hilo. Al conjuro de la canción iban apareciendo innumerables lucecitas que, deslizándose por la pequeña abertura que dejaba la puerta, penetraban en la caverna y se esparcían por ella en forma de horribles espectros. Durante todo este tiempo las viejas, gruñonas y malhumoradas, habían seguido hilando; esperaban oír de un momento a otro los gritos de angustia de la pequeña Fábula, pero cuál no fue su horror al ver que, de repente, una espantosa nariz estaba mirando por encima de sus hombros; al darse

1. Según Marcel Camus, los difuntos, cuya presencia asustará a las Parcas.

la vuelta, vieron a su alrededor la cueva llena de monstruosas figuras que se entregaban a toda clase de desmanes. Dando terribles alaridos se precipitaron unas contra otras, y el espanto las hubiera petrificado si no hubiera sido por el Escriba, que en aquel momento penetraba en la cueva llevando en la mano una raíz de mandrágora. Las lucecitas se ocultaron en las grietas de la roca, y la caverna se llenó toda ella de una viva claridad, porque, en toda aquella confusión, el aceite de la lámpara negra se había derramado y ésta se había apagado. Las viejas se alegraron mucho al oír los pasos del Escriba, sin embargo, estaban furiosas contra la pequeña Fábula. Le gritaron que viniera, la recibieron con terribles bufidos y le prohibieron que siguiera hilando. El Escriba, pensando que ya tenía en su poder a la pequeña Fábula, sonrió sarcásticamente y dijo:

—Me gusta que estés aquí y que te manden trabajar. Espero que no te falte disciplina. Es tu duende protector el que te ha traído aquí. Te deseo que pases aquí muchos años y que te diviertas mucho.

—Gracias por tus buenos deseos —dijo Fábula—; veo en tu aspecto que el tiempo actual te es propicio; te falta sólo el reloj de arena y la guadaña; te pareces al hermano de mis hermosas primas. Si necesitas plumas de ganso no tienes más que arrancar de sus mejillas un puñado de tierno bozo.

El Escriba parecía querer abalanzarse sobre la pequeña Fábula. Esta sonrió y dijo:

—Si aprecias tu hermosa cabellera y tus perspicaces ojos, vete con cuidado, piensa en mis uñas; gran cosa más que perder no tienes.

Disimulando su rabia, el Escriba se volvió a las viejas, que se frotaban los ojos y buscaban a tientas sus ruecas. No podían encontrar nada, porque la lámpara se había apagado; entonces empezaron a vomitar improperios contra Fábula.

—Mandadla a cazar tarántulas —dijo maliciosamente el Escriba—, así podréis preparar aceite nuevo para vuestra lámpara. Para vuestro consuelo quería deciros que Eros se acerca volando sin tregua y que va a dar trabajo a vuestras tijeras. Su madre, la que tantas veces os obligó a hilar más largos los hilos, será mañana pasto de las llamas.

Se hizo cosquillas para reírse, cuando vio que Fábula, al oír esta noticia, derramaba algunas lágrimas; dio un trozo de raíz a una de las viejas y poniendo mala cara se marchó de allí. Las hermanas, con voz agria y malhumorada, mandaron a Fábula a buscar tarántulas, a pesar de que todavía tenían aceite. La niña se marchó corriendo. Hizo como si abriera la gran puerta, la volvió a cerrar con gran estrépito y, sin hacer ruido, se fue deslizando hacia el fondo de la caverna donde había una escalera de mano que bajaba del techo. Trepó rápidamente por ella y llegó enseguida a una trampilla que se abría a las habitaciones de Arctur.

Cuando Fábula entró, el Rey estaba sentado en su trono rodeado de sus consejeros. La Corona Boreal adornaba su cabeza. Llevaba el Lirio en la mano izquierda y las Balanzas en la derecha. A sus pies estaban el Águila y el León[1].

—Majestad —dijo Fábula, inclinándose respetuosamente ante él—, salud y prosperidad para tu trono, de sólidos cimientos. ¡Que lleguen alegres mensajes a tu herido corazón! ¡Que vuelva pronto la Sabiduría! ¡Que la Paz despierte para siempre! ¡Que el inquieto Amor pueda tener sosiego! ¡Que el corazón sea transfigurado! ¡Que el Pasado reviva y que el Futuro tome forma!

El Rey tocó con el Lirio la frente despejada de la niña:

—Que lo que pides te sea concedido.

—Tres veces vendré a suplicarte; cuando venga por cuarta vez, el Amor estará a la puerta. Ahora dame la Lira.

—¡Eridano![2], trae la Lira —gritó el Rey.

Las aguas de Eridano descendieron con gran ruido del techo y Fábula sacó la Lira de sus resplandecientes olas.

Tocó algunos acordes proféticos; el Rey le hizo acercar la copa, la niña bebió algunos sorbitos y luego, después de

1. Las constelaciones, visibles en primavera, que rodean al rey Arctur.
2. Nombre de una estrella y, a la vez, del río Po.

haber dado repetidas veces las gracias al Rey, se marchó corriendo. Se alejó deslizándose en graciosas curvas por el mar de hielo y arrancando una alegre melodía de las cuerdas de la lira.

Bajo sus pies el hielo emitía los más bellos sonidos. La roca de la Aflicción los tomó por la voz de sus hijos que volvían a ella y no encontraban el camino, y les contestó con un eco repetido mil veces.

Fábula no tardó en alcanzar la orilla. Allí encontró a su madre: su rostro estaba pálido y macilento; su cuerpo había enflaquecido, tenía un aire grave: sus nobles trazos dejaban adivinar las huellas de una tristeza sin esperanza y de una conmovedora fidelidad.

—¿Qué ha sido de ti, querida madre? —dijo Fábula—. Te veo completamente cambiada; si no fuera porque el corazón me dice que eres tú, no te hubiera reconocido. Espero poder reponerme de nuevo en tu pecho; he estado tanto tiempo suspirando por ti...

Ginnistan acarició tiernamente a la niña; su rostro tomó entonces una expresión amable y serena.

—Desde el primer momento —dijo— pensé ya que el Escriba no iba a cogerte. El verte me conforta. Las cosas me van mal, bastante mal, pero me consuelo enseguida. Quizá tenga un momento de paz. Eros está cerca, y si te ve y le cuentas historias, tal vez se quede algún tiempo. Mientras tanto puedes recostarte en mi pecho; voy a darte lo que tengo.

Ginnistan tomó a la niña en su regazo, le dio el pecho y, mirando sonriente cómo la pequeña mamaba con fruición, prosiguió[1].

—Soy yo la causa de que Eros se haya vuelto tan violento y voluble. Pero no me arrepiento, porque las horas que he pasado en sus brazos me han hecho inmortal. Creí derretirme entre sus caricias de fuego. Como un ladrón celestial parecía querer aniquilarme y celebrar orgulloso su victoria sobre su temblorosa víctima. Luego, al cabo de un gran

1. La Poesía necesita alimentarse de la Fantasía.

rato, nos despertamos de esta prohibida embriaguez y nos encontramos extrañamente cambiados. Unas alas largas y plateadas cubrían sus hombros y la graciosa plenitud y flexibilidad de sus formas. Aquella fuerza, que, de un modo tan súbito, le había hecho crecer hasta convertirlo en mozo, parecía haberse retirado a sus brillantes alas, él volvía a ser un niño. El tranquilo ardor de su rostro se había transformado en juguetona llama de fuego fatuo, la sagrada gravedad de su porte en disimulada picardía, su reflexiva calma en juvenil agitación, su noble continente en jocosa movilidad. Una profunda pasión me arrastraba de un modo irresistible a este travieso muchacho; me sentía herida por su sonrisa burlona y por su indiferencia hacia mis apasionadas súplicas. Por mi parte, me daba cuenta de que mi figura había cambiado también: mi serena y despreocupada alegría había desaparecido para dejar sitio a una triste preocupación y a una suave timidez. Hubiera querido esconderme con Eros de las miradas de todo el mundo. No tenía valor para mirar sus ojos ofensivos y me sentía terriblemente avergonzada y humillada. No pensaba más que en él y hubiera dado toda mi vida por librarle de sus ofensivos modales. A pesar de que él hería en lo más profundo mis sentimientos yo no podía dejar de adorarle.

Desde el día que abrió sus alas y se marchó —a pesar de que yo lloré amargamente y le supliqué de mil maneras que se quedara conmigo— le he seguido por todas partes. Él parece haberse propuesto burlarse de mí: así que lo alcanzo, levanta el vuelo maliciosamente y se escapa otra vez. Su arco causa estragos por doquiera que pasa. Yo, que necesito consuelo para mí misma, no hago más que consolar a sus infortunadas víctimas. Sus gritos, llamándome para que les socorra, me señalan el camino de Eros, y cuando de nuevo tengo que abandonarlos sus melancólicos lamentos me llegan al alma. El Escriba nos persigue con horrible saña y se venga en los desdichados que encuentra. El fruto de aquella misteriosa noche fueron una multitud de extraños niños que se parecen a su abuelo y que se llaman como él[1]. Alados como su padre, le acompañan siempre y atormentan a los que han tenido la desdicha de ser alcanzados por su flecha. Pero, mira, ahí viene el alegre cortejo. Tengo que irme; adiós, dulce niña. La proximidad de Eros despierta mi pasión. ¡Que tengas suerte en tu empresa!

Ginnistan corrió detrás de Eros; éste siguió su camino, sin dirigirle siquiera una mirada de ternura. A Fábula, en cambio, sí la miró amablemente, y los pequeños acompañantes se pusieron a bailar alegremente en torno a la niña. Fábula se puso muy contenta de volver a ver a su hermano de leche, y, acompañándose con la lira, cantó una alegre canción. Eros pareció reflexionar, y dejó caer el arco. Los pequeños se durmieron sobre el césped. Ginnistan pudo cogerlo entre sus brazos, y él aceptó sus tiernas caricias. Al fin, Eros empezó también a entrar en un dulce sopor; se acurrucó en el regazo de Ginnistan, y, cubriéndola con sus alas, se durmió. Ginnistan se sintió invadida por una infinita felicidad, y, aunque estaba cansada, no apartaba sus ojos del dulce durmiente. Al canto de Fábula habían ido apareciendo por todas partes unas tarántulas; formaron sobre la hierba una red brillante, y, colgadas en sus hilos, se movían vivazmente al compás de la música. Entonces Fábula consoló a su madre, y le prometió ayudarla en seguida. De la roca llegaba el suave eco de la música de Fábula, y mecía el sueño de los durmientes. Ginnistan metió los dedos en la vasija que había escondido con tanto cuidado, esparció algunas gotas en el aire y los más agradables sueños cayeron sobre ellos. Fábula cogió la vasija y prosiguió su viaje. La niña no daba reposo a las cuerdas de su lira, y sobre los hilos que habían tejido con tanta rapidez las tarántulas seguían bailando al compás de aquella encantadora música.

Muy pronto divisó a lo lejos las altas llamas de la pira, que sobresalían del verde bosque. Con tristeza levantó los ojos al cielo, pero se alegró al ver el manto azul de Sofía,

1. El abuelo de los hijos de Eros es el Sentido; éstos son los deseos sensuales.

que ondeaba sobre la tierra y cubría para siempre la inmensa sepultura[1]. En el cielo el Sol había enrojecido de ira; la gran llama aspiraba la luz que este astro había arrebatado, y, por mucho que él quisiera retenerla para sí, palidecía más y más, y se advertían en él cada vez más sombras. La llama iba adquiriendo mayor blancura y fuerza a medida que el sol iba perdiendo el color. El fuego de la pira absorbía la luz cada vez con más fuerza, y muy pronto llegó a aniquilar la gloria que rodea al astro del día, que en aquel momento no era más que un disco de luz tenue y apagada, al que cada nuevo estremecimiento de envidia y de ira aumentaba la fuga de los rayos de luz. Al fin, del Sol no quedó más que una escoria negra y completamente calcinada, que cayó al mar. El brillo de la llama era ahora ya inefable. La pira se había consumido. La llama se fue elevando lentamente, y se dirigió hacia el Norte.

Fábula entró en el patio, que ofrecía la imagen de la desolación; mientras había ocurrido todo esto la casa había quedado en ruinas. En las grietas abiertas en las molduras de las ventanas crecían zarzas, y sabandijas e insectos de todas clases hormigueaban por las escaleras derruidas.

La niña oyó un horrible griterío en la habitación: el Escriba y sus compañeros se habían cebado en el espectáculo de la muerte, entre llamas, de la Madre, pero fueron presa del más grande temor al ver que el Sol se apagaba. En vano se habían esforzado por sofocar la llama, pero en esta ocasión no habían salido indemnes de su intento. El dolor y el miedo les arrancaban espantosas maldiciones y lamentos. Todavía se aterrorizaron más cuando vieron que Fábula entraba en la habitación; dando alaridos de rabia se abalanzaron sobre la niña, para descargar en ella toda su ira. Fábula se deslizó detrás de la cuna, y, en el tumulto, sus perseguidores cayeron en las redes de las tarántulas, que se vengaron, causándoles innumerables picaduras. Entonces todas las tarántulas empezaron una danza frené-

1. Para comprender lo que sigue conviene tener presente lo dicho en el Prólogo relativo a la muerte de la razón y al imperio de la Noche.

tica, al compás de una divertida melodía que tocaba Fábula[1].

Riéndose a carcajadas de sus muecas y de sus grotescos gestos, la niña se dirigió a las ruinas del altar, las apartó para encontrar la secreta escalera y bajó por ella con su séquito de tarántulas.

La Esfinge preguntó:

—¿Qué es lo que llega de un modo más súbito que el rayo?

—La venganza —dijo Fábula.

—¿Qué es lo más efímero?

—Lo que uno posee sin que le pertenezca.

—¿Quién conoce el mundo?

—El que se conoce a sí mismo.

—¿Cuál es el eterno misterio?

—El Amor.

—¿En quién se encuentra?

—En Sofía.

La Esfinge se dobló lastimeramente. Fábula penetró en la caverna.

—Os traigo tarántulas —dijo la niña a las viejas, que habían vuelto a encender su lámpara y trabajaban afanosamente. Ellas se asustaron, y una cogió las tijeras y corrió hacia la niña para clavárselas, pero, sin darse cuenta, pisó una tarántula, y ésta la picó en un pie. La vieja lanzó un grito lastimero. Las demás quisieron acudir en su ayuda, pero, al igual que ella, fueron víctimas de las picaduras de las furiosas tarántulas. Entonces, al no poder coger a Fábula, empezaron a dar saltos enloquecidos de un lado para otro.

—¡Téjenos en seguida vestidos ligeros de danza! —gritaron furiosas a la pequeña—. Con estas faldas rígidas que llevamos no nos podemos mover, y casi nos morimos de

1. Las tarántulas, los animales con los que las Parcas fabrican el aceite para su lámpara de luz negra, representan las bajas pasiones. Fábula, con su canto, las ha convertido en aliadas suyas en su lucha contra las tres hermanas. Adviértase que estos animales han aparecido en el momento en que los hijos de Eros —ver nota 1 del capítulo IX (pág.: 170)— se han dormido: la domesticación de las bajas pasiones coincide con el adormecimiento de los apetitos sensuales.

calor, pero con la baba de las arañas vas a ablandar el hilo, para que no se rompa; mete también en la tela flores que hayan crecido en el fuego; si no, vas a morir.

—Con mucho gusto —dijo Fábula; y se marchó a la habitación de al lado.

—Os voy a procurar tres buenas moscas —dijo Fábula a las arañas cruceras, que habían tendido sus vaporosos tejidos en derredor, en el techo y en las paredes—, pero tenéis que tejerme ahora mismo tres vestidos que sean bonitos y ligeros. Las flores que hay que entretejer en ellos os las voy a traer en seguida.

Las arañas cruceras estaban preparadas, y empezaron a hilar a toda prisa. Fábula se deslizó hasta la escalera de mano, y se presentó a Arctur.

—Majestad —dijo—, las malas bailan, los buenos descansan. ¿Ha llegado la llama?

—Ha llegado —dijo el rey—. Terminó la noche, y el hielo se está derritiendo. Mi esposa se anuncia desde lejos. Mi enemigo ha sido reducido a cenizas. Todo empieza a vivir. Todavía no puedo dejarme ver, porque solo no soy rey. Pide lo que quieras.

—Necesito —dijo Fábula— flores que hayan crecido en el fuego. Yo sé que tienes un jardinero hábil, que sabe cultivarlas.

—¡Zinc! —gritó el rey—. ¡Danos flores!

El jardinero salió de las filas, fue a buscar una maceta llena de fuego y sembró en ella un polen resplandeciente. No hubo que esperar mucho tiempo; las flores empezaron a brotar. Fábula las recogió en su delantal y emprendió el camino de regreso.

Las arañas habían sido diligentes; sólo faltaba prender las flores en los vestidos, cosa que empezaron a hacer inmediatamente con buen gusto y destreza. Fábula se guardó bien de cortar los cabos que colgaban todavía de las tejedoras.

La niña llevó los vestidos a las cansadas bailarinas, que, chorreando de sudor, se habían desplomado, y por unos momentos descansaban de aquel esfuerzo desacostumbrado. Con gran habilidad Fábula desnudó a aquellas enjutas bellezas, que no ahorraron injurias a su pequeña criada, y les puso los nuevos vestidos, que habían sido hechos con todo primor, y que les quedaban muy bien. Mientras estaba ocupada en esto la pequeña alababa el encanto y el amable carácter de sus señoras; las viejas, por su parte, parecían realmente contentas por los halagos y por la elegancia de los vestidos.

Mientras tanto las viejas habían descansado, y ahora, habiendo cobrado nuevo brío para la danza, empezaron otra vez su alegre girar, mientras alevosamente le iban prometiendo a la pequeña larga vida y grandes recompensas. Fábula volvió a la habitación contigua, y les dijo a las arañas cruceras:

—Ahora podéis devorar tranquilamente las moscas que he puesto en las telas que habéis tejido.

Las arañas, impacientes ya de tanto movimiento —porque los cabos de la tela estaban todavía sujetos a ellas, y las viejas, con sus locos saltos y su frenética danza, las arrastraban de un lado para otro—, salieron violentamente de la habitación y se precipitaron sobre las bailarinas; éstas quisieron defenderse con las tijeras, pero Fábula, con todo sigilo, se las había quitado. De este modo las viejas sucumbieron a los ataques de sus compañeras de oficio, que, hambrientas y sin haber probado desde hacía tiempo tan exquisito bocado, se apresuraron a engullirlas, hasta sorberles los tuétanos. Fábula miró afuera por la rendija abierta en la roca, y vio a Perseo con su gran escudo de hierro. Las tijeras se escaparon de sus manos, y volaron hacia el escudo; Fábula le pidió que cortara con ellas las alas de Eros y que luego, con su escudo, inmortalizara a las hermanas y consumara la Gran Obra[1].

Después de esto abandonó el reino subterráneo y, contenta y alegre, subió al palacio de Arctur.

1. Según Marcel Camus se alude aquí a las teorías alquímicas de la preparación de la piedra filosofal —«la gran obra»—, que convertirá la materia en oro y regenerará al hombre. En este pasaje tales teorías se encuentran transferidas al sistema novaliano: la gran obra es la redención de la Naturaleza por la Poesía.

—Ya no queda más lino para hilar. Lo Inerte vuelve a estar privado de alma. Lo Vivo va a reinar: dará forma a lo Inerte y lo utilizará. Lo interior será revelado y lo exterior será ocultado. Pronto se levantará el velo y dará comienzo el espectáculo. Una cosa más te voy a pedir: luego hilaré días de eternidad.

—¡Afortunada niña! —dijo el rey, conmovido—. ¡Tú eres nuestra libertadora!

—Yo no soy más que la ahijada de Sofía —dijo la pequeña—. Dame licencia para que Turmalina, el Jardinero y Oro[1] me acompañen. Tengo que recoger las cenizas de mi madre adoptiva; es necesario que el viejo gigante reviva[2]; de este modo la tierra volverá a flotar en el aire y dejará de estar sumida en el caos.

El Rey los llamó a los tres, y les ordenó que acompañaran a la niña. La ciudad estaba clara y luminosa, y en las calles había una gran animación. Las olas del mar iban a romperse, rugiendo, en la horadada roca; Fábula y sus acompañantes, montados en la carroza del rey, pasaron al otro lado del mar. Turmalina iba recogiendo cuidadosamente las cenizas que se levantaban volando. Luego dieron la vuelta a la tierra, hasta llegar adonde estaba el viejo Gigante, por cuyos hombros descendieron. Este parecía atacado de parálisis, y no podía mover ninguno de sus miembros. Oro le metió una moneda en la boca, y el Jardinero le puso un cuenco debajo de los riñones. Fábula le tocó los ojos y derramó el contenido de la vasija sobre su frente. Mientras el agua se iba deslizando por encima de sus ojos, le entraba en la boca y, por último, bañando su cuerpo, iba a caer en el cuenco; un rayo de vida hacía temblar todos sus músculos. El gigante abrió los ojos y se puso de pie con energía. Fábula, dando un salto, fue a unirse a sus acompañantes, que se encontraban en la tierra, la cual se iba elevando, y con gran amabilidad le dio los buenos días al gigante.

—¡Oh, querida niña! —dijo el viejo—. ¿Tú aquí otra vez?

1. Elementos del galvanismo.
2. Atlas.

He estado soñando todo el tiempo en ti. Siempre pensé que vendrías antes de que la tierra y mis ojos me vencieran con su peso. Sin duda he estado durmiendo mucho tiempo.

—La tierra vuelve a ser ligera como lo fue siempre para los buenos —dijo Fábula—. Empiezan de nuevo los antiguos tiempos. Dentro de poco volverás a estar entre viejos conocidos. Voy a hilar para ti días alegres, y no te faltará quien te ayude para que de vez en cuando puedas participar de nuestras alegrías y, en los brazos de una amiga, aspirar juventud y fuerza.

—¿Dónde están las amigas que antaño nos acogieron, las Hespérides?

—Al lado de Sofía. Muy pronto el jardín florecerá de nuevo, y sus dorados frutos perfumarán el aire. Las Hespérides van de un lado para otro, recogiendo las plantas que languidecen.

Fábula se alejó y corrió hacia su casa. Estaba toda ella en ruinas. Un manto de hiedra cubría las paredes. Grandes arbustos ensombrecían lo que antes habría sido el patio, y un musgo blando tapizaba las antiguas escaleras. La niña entró en la habitación.

Sofía estaba de pie junto al altar, que había sido reconstruido. Eros estaba recostado a sus pies, con toda su armadura puesta, más grave y noble que nunca. Una magnífica lámpara colgaba del techo. El suelo estaba pavimentado por piedras de todos los colores, que, en torno al altar, dibujaban un gran círculo, formado únicamente por nobles y significativas figuras.

Ginnistan, llorando, estaba inclinada sobre un lecho en el que el Padre parecía dormir un profundo sueño. Su ardiente encanto quedaba infinitamente realzado por una expresión de piedad y amor.

Fábula presentó a la sagrada Sofía la urna en la que había recogido la ceniza, y ésta abrazó tiernamente a la niña.

—Querida niña —dijo—, tu celo y tu fidelidad te han merecido un lugar entre las estrellas eternas. Tú has escogido lo que hay de inmortal en ti. El Fénix te pertenece. Tú serás el alma de nuestra vida. Ahora despierta al novio. Se oye la llamada del heraldo: Eros debe buscar a Freya y despertarla.

Fábula sintió un gozo inefable al oír estas palabras. Llamó a sus acompañantes, Oro y Zinc, y se acercó al lecho.

Ginnistan miraba llena de impaciencia lo que se disponían a hacer. Oro fundió la moneda y llenó con un resplandeciente líquido la cavidad en la que el Padre estaba recostado. Zinc rodeó con una cadena el pecho de Ginnistan. El cuerpo flotaba sobre las temblorosas ondas.

—Madre —dijo Fábula—, inclínate y pon tu mano sobre el corazón del amado.

Ginnistan se inclinó y vio su propia imagen multiplicada en las ondas. La cadena tocó el líquido, y su mano, el corazón del Padre; éste se despertó y atrajo hacia su pecho a la extasiada novia. Entonces el metal se solidificó, y se convirtió en un brillante espejo.

El padre se levantó; sus ojos centelleaban; aunque su figura era muy bella y noble, sin embargo, parecía que todo su cuerpo estuviera hecho por un fluido sutil e infinitamente móvil que traicionaba cada impresión con los movimientos más variados y graciosos.

La feliz pareja se acercó a Sofía; ésta les bendijo y les exhortó a que no dejaran de aconsejarse en el espejo que devuelve a todos su verdadera figura, que aniquila todo artificio y que conserva eternamente la imagen primitiva.

Después de esto Sofía cogió la urna y arrojó la ceniza en la copa que estaba sobre el altar. Un suave burbujeo anunció la disolución, y una ligera brisa agitó las vestiduras y las cabelleras de los circunstantes. Sofía ofreció la copa a Eros, y éste, a los demás. Todos saborearon la divina bebida, y con indecible alegría sintieron en su interior el saludo amistoso de la Madre. Esta se encontraba en cada uno de ellos, y su misteriosa presencia parecía transfigurarles a todos[1].

Se había realizado con creces aquello que todos espera

1. Alusión a la Eucaristía.

ban. Se daban cuenta de lo que les había faltado, y la estancia se había convertido en la morada de los bienaventurados.

Sofía dijo:

—El gran misterio se ha revelado a todos, y permanecerá eternamente insondable. Con dolores se ha engendrado el mundo nuevo, y en lágrimas se está disolviendo la ceniza y convirtiéndose en la bebida de la vida eterna. En cada uno mora la celeste Madre, para engendrar para la eternidad a cada uno de sus hijos. ¿No sentís este dulce nacimiento en los latidos de vuestro pecho?

Sofía vertió dentro del altar el resto de la copa. La tierra tembló en sus profundidades. Sofía dijo:

—Eros, ve corriendo con tu hermana a encontrar a tu amada. Muy pronto me volverás a ver.

Fábula y Eros salieron a toda prisa, acompañados de su escolta. Una pujante primavera se había extendido por toda la tierra. Todo se erguía y empezaba a moverse. La tierra, flotando en el aire, se acercaba al velo que la cubría. La luna y las nubes, en alegre tumulto, se dirigían hacia el Norte. El castillo del rey irradiaba con espléndida luz sobre el mar; sobre sus terrazas se encontraba el monarca en toda su gloria, acompañado de su séquito. Por todas partes divisaban torbellinos de polvo, en los que parecían dibujarse figuras conocidas. Encontraron numerosos grupos de jóvenes y doncellas que acudían en tropel al castillo, y les acogieron con gritos de júbilo. En muchas colinas se veían parejas de enamorados, que se acababan de despertar; después de tanto tiempo de separación se unían en tiernos abrazos: aquel mundo nuevo les parecía un sueño y no acababan de convencerse de aquella hermosa verdad. Las flores y los árboles crecían y reverdecían con nueva fuerza. Todo parecía tener alma. Todo hablaba y cantaba.

Fábula saludaba por todas partes a viejos conocidos. Los animales, con amables saludos, se acercaban a los hombres, que acababan de despertarse. Las plantas les obsequiaban con frutos, les perfumaban y les cubrían de los más delicados adornos. Ningún peso oprimía ya el pecho de los hombres, y todas las cargas se habían desplomado, formando un suelo firme bajo los pies de los humanos[1].

Eros y Fábula llegaron al mar. Una embarcación de abrillantado acero estaba amarrada a la orilla. Entraron en ella y soltaron la amarra. La proa se orientó hacia el Norte, y la embarcación surcó a toda prisa las olas acariciadoras. Un rumoroso cañaveral detuvo su empuje, y la nave varó suavemente en la orilla.

Fábula y Eros subieron rápidamente por la ancha escalinata. El Amor se quedó maravillado de la ciudad real y de todas sus riquezas. En el patio se levantaba el surtidor, que había cobrado vida; el soto se movía, produciendo los más dulces sonidos, y una maravillosa fuerza parecía surgir y expandirse en sus troncos y hojas ardientes y en el destello de sus flores y frutos.

El viejo Héroe les recibió en las puertas del palacio.

—Venerable anciano —dijo Fábula—, Eros necesita tu espada. Oro le ha dado una cadena, uno de cuyos extremos llega hasta el fondo del mar, y el otro rodea su pecho. Cógela conmigo y llévanos a la sala en la que descansa la princesa.

Eros cogió la espada de la mano del anciano, colocó la empuñadura sobre su pecho, inclinando el arma hacia adelante. Los batientes de la puerta del palacio se abrieron de golpe como dos alas, y Eros se acercó extasiado a Freya, que estaba durmiendo. De repente se oyó una gran detonación: una brillante chispa saltó de la princesa a la espada; la espada y la cadena se iluminaron; el Héroe cogió a la pequeña Fábula, que estuvo a punto de caer al suelo. El penacho del casco de Eros ondeaba en el aire.

—Tira la espada —gritó Fábula— y despierta a tu amada.

Eros dejó caer la espada, voló hacia la princesa y besó ardientemente sus dulces labios. Ella abrió sus grandes ojos oscuros y reconoció a su amado. Un largo beso selló su eterna unión.

De la cúpula bajó el Rey, llevando a Sofía de la mano.

1. Regreso definitivo de la Edad de Oro.

Las estrellas y los espíritus de la Naturaleza les seguían en brillante cortejo. Una luz de indecible claridad y pureza llenaba la estancia, el palacio, la ciudad y el cielo. Una inmensa multitud penetró en la amplia sala del trono, y con religioso silencio vio a los dos amantes arrodillados ante el rey y la reina y cómo éstos les daban solemnemente la bendición. El Rey se quitó la diadema y la colocó sobre los dorados cabellos de Eros. El viejo Héroe le quitó la armadura, y el rey le cubrió con su propio manto. Luego le puso el Lirio en la mano izquierda, y Sofía pasó un precioso brazalete en torno a las manos enlazadas de los amantes, a la vez que colocaba su corona en la morena cabellera de Freya.

—¡Salve, soberanos! Desde siempre habéis sido nuestros señores; siempre habéis estado entre nosotros, y no os hemos conocido. ¡Salud y bienaventuranza nuestra! ¡Ellos reinarán eternamente sobre nosotros! ¡Dadnos vuestra bendición también!

Entonces Sofía dijo a la nueva reina:

—Lanza al aire el brazalete de vuestra unión; de este modo el pueblo y el mundo permanecerán unidos a vosotros.

El brazalete se disolvió en el aire, y pronto viéronse luminosos anillos en torno a todas las cabezas; y una franja brillante se extendió sobre la ciudad, el mar y la tierra, que celebraba una eterna fiesta de primavera.

Perseo entró, llevando un huso y una pequeña cesta. El Héroe se la ofreció al nuevo Rey.

—Aquí están —dijo— los restos de tus enemigos.

En la cesta había una loseta, dividida en cuadros blancos y negros, y junto a ella una gran cantidad de figuras de alabastro y de mármol negro.

—Es un juego de ajedrez —dijo Sofía—. Un encantamiento tiene cautivas en esta loseta y en estas figuras toda clase de guerras. Es un recuerdo de las turbias épocas del pasado.

Perseo se volvió a Fábula y le dio el huso.

—En tus manos este huso nos dará eterna alegría, y de ti

misma vas a hilar para nosotros un hilo de oro que no se romperá jamás.

Con melodioso susurro el Fénix voló a los pies de Fábula, abrió las alas ante ella, la niña se sentó y el ave, llevándola a cuestas, levantó el vuelo y, suspendido en el aire, se situó sobre el trono del rey, y no volvió ya a posarse en el suelo.

Fábula entonó una canción celestial y empezó a hilar; el hilo parecía brotar de su pecho. El pueblo quedó nuevamente extasiado; los ojos de todos estaban fijos en la hermosa niña.

De fuera llegaban de nuevo gritos de júbilo: la vieja Luna entraba, acompañada de su extraña corte, y detrás de ella el pueblo llevaba, como en triunfo, a Ginnistan y a su prometido.

Los dos enamorados estaban rodeados de guirnaldas de flores; la familia real los recibió con la más afectuosa ternura, y la nueva pareja real les proclamó sus representantes en la tierra.

—Concededme —dijo la Luna— el reino de las Parcas, cuyas extrañas moradas, que ahora están en el patio del palacio, han salido del seno de la tierra. En ellas quiero presentaros unos espectáculos que os van a divertir; la pequeña Fábula me va a ayudar.

El Rey le concedió lo que pedía; la niña asintió amablemente con la cabeza, y el pueblo esperaba con alegría el extraño y divertido pasatiempo. Las Hespérides felicitaron a los reyes por su coronación y les pidieron que protegieran sus jardines. El Rey les dio la bienvenida, y de este modo se sucedieron, uno tras otro, un gran número de alegres mensajes.

Mientras tanto, imperceptiblemente, el trono había ido transformándose en un magnífico lecho nupcial, sobre cuyo cielo, suspendido en el aire, estaba el Fénix, llevando consigo a la pequeña Fábula. Tres cariátides de pórfido negro sostenían el lecho por detrás, y por delante éste descansaba sobre una esfinge de basalto.

El Rey abrazó a su amada. Esta se ruborizó; la gente

siguió el ejemplo del Rey y se acariciaron unos a otros; no se oía otra cosa que nombres cariñosos y murmullo de besos. Al fin, dijo Sofía:

—La Madre está entre nosotros; su presencia nos va a hacer felices para siempre. Seguidnos todos a nuestras moradas; en aquel templo viviremos eternamente y guardaremos el Misterio del mundo.

Fábula hilaba con gran ardor y cantaba con voz alta:

El reino de lo eterno está fundado;
Amor y Paz dan fin a la pelea;
el largo sueño del dolor acaba:
Diosa del corazón, Sofía eterna.

SEGUNDA PARTE

LA CONSUMACIÓN

I

EL CLAUSTRO O EL PÓRTICO[1]

ASTRALIS

Nací en una mañana de verano;
y sentí el pulso de mi propia vida
por vez primera; y a medida que el amor
se iba perdiendo en profundos éxtasis
me iba despertando más y más, y el deseo
de una fusión más profunda y total
se hacía por momentos más urgente.
El placer es la fuerza que ha engendrado mi vida.
Yo soy el centro y la sagrada fuente
de donde todo anhelo, impetuoso, fluye,
y en donde, quebrado en mil torrentes,
todo anhelo se calma de nuevo y se remansa.
Me habéis visto nacer, y no me conocéis.
¿No fuisteis los testigos de aquel primer encuentro
conmigo mismo, todavía sonámbulo,
aquella alegre noche? ¿No sentís
correr por vuestro cuerpo un dulce escalofrío?

1. Este es el título del primer capítulo de la segunda parte. El pórtico del que se habla, según las notas de Novalis, es el pórtico del reino de los muertos.

Hundido en lo profundo de cálices de miel
yo perfumaba el aire; silenciosa la Flor se balanceaba
en el dorado aire de la mañana. Un íntimo manar
era yo, una suave lucha; todo fluía
en mí y sobre mí, y me elevaba suavemente.
El primer grano de polen cayó sobre el estigma
—acordaos del beso, terminado el banquete—;
entonces regresé a mi propia corriente
—fue un relámpago—: ya podía moverme,
ya podía agitar el cáliz y los tenues pistilos.
Veloces, a medida que yo empezaba a ser,
mis pensamientos se condensaban en sentidos terrenos.
Todavía era ciego, pero lucientes astros
pasaban vacilantes por las maravillosas lejanías de mi ser.
Nada estaba cercano todavía: de lejos me encontraba
eco de antiguos y futuros tiempos. [*solamente*
Nacida del amor, la tristeza y los presentimientos,
creció la conciencia, como un vuelo;
y mientras la delicia en llamas me inflamaba,
un supremo dolor penetraba en mi ser.
El mundo florecía en torno al claro monte:
la voz del profeta abrió sus alas[1]
Enrique y Matilde dejaban de estar solos,
y se unían los dos en una sola imagen.
Entonces, nacido de nuevo, me levanté hacia el cielo;
mi destino, en la tierra, se había consumado
en el celeste instante de glorificación.
El tiempo había perdido sus derechos,
mas reclamaba aun lo que había prestado.

Irrumpe el mundo nuevo,
y cubre de tinieblas la clara luz del sol.
Y en las musgosas ruinas se ve brillar ahora
un porvenir extraño y prodigioso;
y lo que antes era cotidiano
aparece ahora maravilloso y raro.

1. Alusión a la cita bíblica a la que se hace referencia en las últimas líneas del capítulo VII.

Un solo ser en todo; todo en un solo ser:
la imagen de Dios en las plantas y las piedras,
el espíritu de Dios en los hombres y los animales:
he aquí la verdad en la que hay que creer.
El orden de las cosas ya no es tiempo y espacio,
porque aquí el Porvenir y el Pasado se juntan.
Empieza ya el imperio del Amor;
Fábula empieza a devanar sus hilos;
el juego original de cada cosa empieza;
todo ser, meditando, busca la Gran Palabra,
y el alma universal, grande e inmensa,
se agita en todas partes y florece sin fin.
Todo tiene que penetrar en todo;
todo tiene que florecer y madurar por todo;
cada cosa dibuja en las demás su propia imagen
y se mezcla en la corriente con todas las demás,
y ávida se precipita en sus profundidades;
allí rejuvenece su esencia original,
y cobra allí mil nuevos pensamientos.
El mundo se hace sueño; el sueño, mundo,
y aquello que creíamos cumplido
solamente lo vemos acercarse de lejos.
Empieza el reino libre de la Fantasía:
a su gusto y placer entrelazar los hilos;
velar aquí unas cosas; desplegar allí otras,
y, al fin, difuminarlas entre mágica niebla.
Goce y melancolía, vida y muerte,
han encontrado aquí profundo acuerdo,
y el que al supremo amor se haya entregado
no podrá ya jamás sanar de sus heridas.
Con dolor ha de rasgarse aquella venda
que vela la mirada de nuestra alma,
y el corazón más fiel debe quedarse huérfano
antes de que abandone el triste mundo.
El cuerpo se deshace en llanto,
en ancha tumba el mundo se convierte,
y en ella, consumido de anhelos y temores,
se posa el corazón, como ceniza.

Por el estrecho sendero que trepaba por la montaña caminaba un peregrino, sumido en profundos pensamientos. Había pasado el mediodía; un fuerte viento silbaba por el espacio azul; sus voces, sordas y de las más variadas tonalidades, se alejaban tal como habían llegado. En su vuelo, ¿había pasado el viento quizá por las regiones de la infancia, o tal vez por otros países, en los que la Naturaleza habla? Eran voces cuyo eco resonaba en lo más profundo del alma; sin embargo, el peregrino parecía no conocerlas. Ahora había llegado a la cumbre. Allí es donde esperaba él encontrar la meta de su viaje. ¿Esperaba?... No; ya no esperaba nada. El terrible miedo, primero, y luego el frío y la sequedad de la más impasible desesperación, le empujaban a buscar las terribles soledades de la montaña. Aquella ascensión, fatigosa en extremo como era, apaciguaba, no obstante, la acción destructora de sus fuerzas interiores. Estaba extenuado, pero tranquilo. Todavía no había visto nada de lo que poco a poco se había ido congregando a su alrededor, cuando se sentó en una piedra y volvió la vista atrás. Tenía la impresión de que en aquel momento estaba soñando, o que había estado soñando hasta entonces. Un espectáculo inabarcable, de portentosa belleza, parecía abrirse ante sus ojos. De repente se soltaron las ataduras de su alma, y sus ojos empezaron a derramar lágrimas; hubiera querido que todo su ser, disuelto en llanto, se fundiera en aquellas lejanías, sin dejar rastro alguno de sí. Con todo, entre aquellos amargos sollozos parecía ir regresando a sí mismo; aquel aire suave y sereno penetraba todo su ser, el mundo volvía a estar presente a sus sentidos, y viejos pensamientos empezaban a decirle palabras de consuelo.

Allí estaba Ausburgo, con sus torres; a lo lejos, en el horizonte, brillaba el espejo del terrible y misterioso río. El inmenso bosque se inclinaba hacia el caminante con gravedad consoladora; la escarpada montaña descansaba tan solemnemente sobre la llanura, que ambos parecían decir: «Corre, corre, río; no podrás huir de nosotros; ¡te seguiré con barcos alados!; ¡te romperé![1]; ¡te detendré!; ¡te engulliré en mi seno! Confía en nosotros, peregrino: también él es nuestro enemigo –él, a quien nosotros engendramos–; déjalo que corra con su presa: no podrá escapar de nosotros.»

El pobre peregrino se acordó de los tiempos pasados y de sus inefables encantos. Pero ¡cómo habían perdido el brillo y el color aquellos preciosos recuerdos al pasar por su mente! Su amplio sombrero cubría un rostro juvenil que estaba pálido como una flor de la noche; la perfumada sabia de sus años mozos se había transformado en lágrimas; su potente aliento, en profundos suspiros; todos sus colores habían palidecido, convirtiéndose en un gris ceniza.

A un lado, en la ladera de la montaña, le pareció ver a un monje arrodillado bajo una vieja encina. «¿No sería el anciano capellán de la corte?», pensó para sí el peregrino, sin maravillarse mucho del hecho. A medida que se acercaba, el monje le iba pareciendo más grande y deforme. Al fin, se dio cuenta de su error: era una gran piedra aislada, sobre la cual se inclinaba el árbol. Con silenciosa emoción abrazó la piedra, y entre grandes sollozos la estrechó contra su pecho. ¡Ah!, ojalá se cumplieran tus

1. Alusión al río que aparece en el sueño que tiene Enrique en el capítulo VI. Aquel río se llevó entre sus aguas a Matilde. Ahora Enrique, junto al monte, tiene la misma revelación que tuvo Hardenberg junto a la tumba de Sofía: la muerte será vencida por la Vida.

palabras y la santa madre me diera una señal. ¡Soy tan desdichado y estoy tan abandonado! ¿No habría en estas soledades algún santo eremita que pudiera rezar por mí? ¡Padre querido, reza tú por mí en estos momentos!

Estando en estos pensamientos, el árbol empezó a temblar; la roca retumbaba sordamente, y, como subiendo del fondo mismo de la tierra, se oyeron unas vocecillas claras que cantaban:

Alegre está su alma:
no sabe de tristezas;
todo dolor ignora;
el niño acerca al pecho.

Le besa en sus mejillas,
le besa de mil modos;
amor en torno a ella
el niño hermoso irradia.

Las vocecillas parecían cantar con inmenso placer, y repitieron estas estrofas varias veces. Luego todo volvió a quedar en calma, y al poco el peregrino oyó con sorpresa que alguien, desde el árbol, decía:

—Si con tu laúd tocas una canción en mi honor se te aparecerá una pobre muchacha; llévatela y no dejes que se aparte de ti. Acuérdate de mí cuando llegues a la presencia del Emperador: he escogido este lugar para vivir aquí con mi hijito; di que me construyan una casa fuerte y cálida. Mi niño ha vencido a la muerte; no te aflijas; yo estoy a tu lado; todavía vas a estar un tiempo en la tierra, pero la muchacha va a ser tu consuelo hasta que mueras y entres a gozar de nuestra alegría[1].

«Es la voz de Matilde», gritó el peregrino; cayó de hinojos, y se puso en oración. Entonces, atravesando

1. Transposición simbólica del segundo amor de Novalis.

las ramas del árbol, un largo rayo de luz llegó hasta sus ojos; por aquel rayo el peregrino penetró con la vista en una lejana, pequeña, extraña maravilla —algo que no hubiera podido describir de ningún modo, algo que, aunque hubiera sido pintor, no hubiera sido capaz de representar—. Eran una serie de figuras de extremada finura y delicadeza; un gozo íntimo, una alegría profunda más: una beatitud celestial, lo llenaba todo; hasta tal punto era así que incluso los objetos inanimados, los vasos y jarrones, las columnatas, las alfombras, en una palabra, todo lo que allí se veía, no estaba hecho por el hombre, sino que parecía haber crecido de un modo libre y espontáneo, como una planta llena de sabia, y haberse congregado allí por puro placer. En medio de todo aquello se veían las más hermosas figuras humanas yendo y viniendo y saludándose unos a otros con extremada afabilidad y cortesía. Delante de todo aquel espectáculo estaba la amada del peregrino; parecía como si quisiera hablarle, pero no se oía nada, y el peregrino no podía hacer otra cosa que contemplar con profunda nostalgia aquella expresión amable y sonriente y aquel modo de hacerle un gesto con la mano, al mismo tiempo que ponía la otra sobre su pecho.

La visión era infinitamente consoladora y reconfortante, y largo rato después de haber desaparecido de su vista el peregrino estaba todavía sumido en un éxtasis celestial. Aquel sagrado rayo de luz había aspirado todos los dolores y aflicciones de su corazón, de tal modo que su alma volvía a estar tan limpia y ligera, y su espíritu, tan libre y alegre como antes. No quedó más que un anhelo íntimo y silencioso, y una nota melancólica en lo más profundo de su ser; pero los feroces tormentos de la soledad, el áspero dolor de una pérdida inexpresable, aquel vacío gris y espantoso, aquel desmayo que le producía todo lo terreno, habían desaparecido, y el peregrino se encontraba de nuevo en un mundo pleno de vida y de sentido[1].

La voz y la palabra habían vuelto a cobrar vida en él,

1. De nuevo, relacionar este pasaje con la experiencia que tuvo el poeta junto a la tumba de su amada.

y a partir de aquel momento todo le pareció más conocido y más profético que antes: veía la muerte como una revelación superior de la vida y contemplaba el rápido suceder de su existencia con una alegre y serena emoción de niño. Futuro y Pasado se habían unido en él y enlazado profundamente. Se hallaba fuera a gran distancia del presente, y ahora, cuando él había perdido el mundo, cuando se encontraba en él solo como un extraño que debía recorrer todavía un tiempo por sus amplias y polícromas salas, ahora es cuando empezaba a apreciarlo.

Caía ya la tarde, y la tierra se extendía ante él como una vieja y querida morada que él volviera a encontrar, abandonada ya, después de haber estado mucho tiempo lejos de ella. Mil recuerdos acudían a su mente. Cada piedra, cada árbol, cada colina querían ser reconocidos. Cada cosa era un testigo que evocaba una antigua historia. El peregrino cogió su laúd y cantó[1]:

Corred, lágrimas, corred, llamas
del amor;
santificad los lugares
en que el cielo contemplé.
Como abejas, en enjambre,
volad en torno a este árbol
musitando una oración.

Él la recibió contento
cuando vino;
la protegió de la tempestad[2].
Ella, en su jardín le espera:
como a flor lo regará
y sanará sus heridas.

1. De todos los poemas que han aparecido en la novela éste es el único que canta el mismo Enrique: hasta este momento no ha estado maduro para la poesía.
2. Relacionar este verso con el pasaje del relato que se encuentra en el capítulo III, en el que el joven –prefiguración de Enrique– protege de la tempestad a la hija del rey –prefiguración de Matilde y de la Virgen María.

Hasta las rocas cayeron,
ebrias de alegría,
a los pies de la Madre del Cielo.
Si hasta las piedras la adoran
¿no llorará también el hombre
y derramará por Ella su sangre?

Afligidos, acercaos
y postraos:
aquí todos sanaréis.
Diréis todos con alegría
ya pasó el tiempo de nuestras penas.

Se alzarán potentes muros
en los montes.
Cuando vengan malos tiempos
se oirán gritos en los valles.
¡Ningún corazón se aflija!
¡Subid todos estas gradas!

Madre de Dios, bienamada,
el afligido
saldrá de aquí iluminado.
Eterna bondad y dulzura,
tú eres Matilde y María,
fin de todos mis anhelos.

Sin que yo te lo pregunte
me dirás
cuándo debo ir a tu lado.
De mil modos cantaré
las grandezas de la tierra,
esperando tu abrazo.

¡Viejos milagros, tiempos nuevos,
maravillas,
seguid en mi corazón!
que yo no olvide el lugar

en que esta luz de lo alto
me despertó del mal sueño.

Durante todo el tiempo que estuvo cantando no se había dado cuenta de nada; pero cuando levantó la vista vio que muy cerca de él, junto a la piedra, había una muchacha saludándole amablemente, como si le conociera de tiempo y que le invitaba a ir con ella a su casa, donde, le dijo, había preparado ya una cena para él. El peregrino la abrazó tiernamente. Su modo de ser y de actuar le eran familiares. Ella le pidió que la esperara unos momentos; se alejó unos pasos hasta colocarse debajo mismo del árbol, levantó la vista al cielo con una sonrisa indefinible y, sacudiendo su delantal, esparció muchas rosas sobre el césped. Luego se arrodilló en silencio junto a ellas, se volvió a levantar al cabo de unos momentos y llevó al peregrino a su casa.

—¿Quién te ha hablado de mí? —preguntó el peregrino—.

—Nuestra madre.

—¿Quién es tu madre?

—La Madre de Dios.

—¿Desde cuándo estás aquí?

—Desde que salí de la tumba.

—¿Has muerto ya?

—¿Cómo podría vivir si no?[1]

—¿Vives aquí completamente sola?

—Conmigo vive también un anciano; pero conozco a muchos más que han vivido.

—¿Te gustaría quedarte conmigo?

—¿Por qué no, si te amo?

—¿De qué me conoces?

—¡Oh! Desde hace mucho tiempo; mi madre, cuando vivía, me hablaba siempre de ti.

—¿Tienes, entonces, otra madre?

—Sí, pero en realidad es la misma.

1. Sólo por la muerte se accede a la verdadera vida.

—¿Cómo se llamaba?

—María.

—¿Quién era tu padre?

—El conde de Hohenzollern.

—Yo también le conozco.

—Claro que le conoces, es también tu padre.

—¡Pero si mi padre está en Eisenach!

—Tú tienes varios padres y varias madres.

—¿Adónde vamos?

—A casa, siempre a casa.

El peregrino y la doncella habían llegado ahora a un lugar espacioso del bosque, en el que detrás de profundos fosos se veían algunas torres derruidas. Tiernos matojos envolvían los viejos muros a modo de juveniles coronas en torno a la cabeza plateada de un anciano. Observando aquellas piedras grises, aquellas grietas que tenían la forma del rayo, aquellas siniestras siluetas, veía uno la inmensidad de los tiempos, contemplaba, concentradas en breves pero esplendorosos minutos, las historias más dilatadas. Es de este modo como el cielo, bajo un ropaje azul oscuro, nos muestra los espacios infinitos; como, con su brillo lechoso, inocente como las mejillas de un niño, nos muestra los ejércitos remotos de sus mundos enormes y pesados.

Pasaron por debajo de unos viejos arcos, y la sorpresa del peregrino no fue pequeña al encontrarse rodeado únicamente de extrañas plantas, y al descubrir, bajo aquellas ruinas, el encanto del más ameno de los jardines. Detrás había una casita de piedra, de estilo moderno, con grandes y luminosas ventanas. En aquel lugar, detrás de aquellos arbustos de anchas hojas, había un anciano que iba sujetando las ramas más débiles a unas varillas. La muchacha llevó al peregrino a la presencia de aquel hombre y dijo:

—Aquí tienes a Enrique, por quien tantas veces me preguntas.

Así que el anciano se volvió, Enrique creyó tener ante su vista al minero.

—Estás viendo a Silvestre, el médico —dijo la doncella.

Silvestre se alegró de verle, y dijo:

—Hace ya algunos años conocí en mi casa a tu padre; por aquel tiempo tendría él la edad que tú tienes ahora. Entonces me esforcé por hacerle conocer los tesoros del pasado, la preciosa herencia de un mundo que, desgraciadamente, se fue. Observé en él señales de grandes dotes para las artes plásticas: en sus ojos brillaba el ardiente deseo de adquirir unos ojos verdaderos, de tener en ellos un instrumento de creación. Su rostro revelaba firmeza interior, constancia y laboriosidad. Sin embargo, el mundo presente había echado en él raíces demasiado profundas; no quería prestar atención a la llamada de su ser más íntimo; la triste dureza del cielo de su patria había marchitado en él los tiernos brotes de la más noble planta. Llegó a ser un artesano hábil, y creyó que el entusiasmo no era más que locura[1].

—En efecto —contestó Enrique—; muchas veces, con gran dolor por mi parte, he observado en él un humor taciturno y sombrío. Trabaja sin cesar, pero por hábito, no porque encuentre en el trabajo una íntima alegría; en él parece haber un vacío que no son capaces de llenar ni la paz y el sosiego de su vida, ni las comodidades que le proporcionan sus ganancias, ni la alegría de verse respetado y querido por sus conciudadanos, ni tampoco la satisfacción de ver que se le pide consejo en todos los asuntos de la ciudad. La gente que le conoce le tienen por un hombre muy feliz; sin embargo, ignoran hasta qué punto está cansado de la vida, y el mundo le parece vacío, y de qué modo anhela abandonarlo; no saben que trabaja con tanto ahínco no para ganar dinero, sino para ahuyentar estos pensamientos.

—Lo que más me extraña —contestó Silvestre— es que haya dejado vuestra educación totalmente en manos de vuestra madre y que haya tenido gran cuidado en no inmiscuirse en vuestro desarrollo o en no inclinaros hacia

1. Silvestre es el hombre que un día acogió al padre de Enrique en las afueras de Roma. Relativo a las observaciones de Silvestre, ver nota 1 del capítulo I (pág.: 36).

una profesión determinada. Podéis consideraros feliz de que se os haya permitido crecer sin tener que sufrir la más mínima limitación por parte de vuestro padre, porque la mayoría de los humanos no son más que restos de un gran banquete en el que han entrado a saco hombres de distinto apetito y gusto.

Yo mismo no sé –contestó Enrique– lo que es educación, como no sea la vida y el modo de pensar de mis padres o las enseñanzas que he recibido de mi maestro, el capellán de palacio. Mi padre, con su mentalidad fría e inflexible, que le hace ver las situaciones de la vida como un trozo de metal o como un producto del trabajo del hombre, sin embargo, sin saberlo ni proponérselo, me parece poseer un silencioso respeto y una religiosa veneración ante todos los acontecimientos incomprensibles, y que están por encima de lo humano, y por esto, creo, observa la floración de un niño con un humilde olvido de sí mismo, y lo que sin duda, en lo referente a mi educación, hizo que mi padre se comportara con tal discreción y religioso respeto fue el sentimiento de la superioridad que tiene un niño en lo tocante a las cosas supremas; fue la convicción firme de que este ser inocente, que está a punto de emprender un camino tan dudoso, se encuentra ya bajo una tutela cercana, fue también la certeza de que en sus primeros pasos el niño lleva la impronta de un mundo todavía no enmascarado por las aguas de éste, y, finalmente, la simpatía que nuestros propios recuerdos nos hacen tener por aquella fabulosa época de nuestra vida, en la que el mundo nos parecía más claro y luminoso, más amable y más extraño, y en el que el espíritu de la profecía nos acompañaba de un modo casi visible.

–Sentémonos en este banco de césped, entre las flores –interrumpió el anciano–. Cyane nos llamará cuando la cena esté lista, y permitidme que os pida que sigáis contándome vuestra vida pasada. A los viejos lo que más nos gusta es que nos cuenten cosas de los años de la infancia, y tengo la impresión de que me estáis haciendo sentir el perfume de una flor que desde que era niño no he podido volver a aspirar. Pero primero decidme qué os parecen esta ermita y este jardín, porque estas flores son mis amigas; mi corazón está entre ellas. De cuanto veis nada hay que yo no ame; todo es objeto de mi afecto más tierno; aquí estoy en medio de mis hijos; me veo a mí mismo como a un viejo árbol de cuyas raíces haya brotado toda esta fresca juventud.

—¡Oh, padre bienaventurado! —dijo Enrique—. Vuestro jardín es el mundo. Las ruinas son las madres de estos hijos florecientes. La creación, con toda su vida y con todo su color, se nutre de estas ruinas de los tiempos pasados. ¿Pero era necesaria la muerte de la madre para que los hijos pudieran crecer y prosperar? Y el padre, ¿seguirá llorando eternamente junto a la sepultura de ella?

El muchacho sollozaba; Silvestre le tendió la mano, y se puso en pie; fue a buscar un miosotis recién abierto, lo ató a una rama de ciprés y se lo dio. El viento del atardecer movía extrañamente las copas de los pinos que se veían al otro lado de las ruinas; su murmullo sordo llegaba hasta ellos. Enrique escondió su rostro, anegado en lágrimas, en el hombro del dulce anciano, y cuando volvió a levantarlo el lucero de la noche se alzaba en toda su gloria por encima del bosque.

Después de unos momentos de silencio dijo Silvestre:

—Me gustaría haberos visto en Eisenach entre vuestros compañeros de juego. Vuestros padres, la esposa del Landgrave, excelente dama; los vecinos de vuestro padre, gente noble y honrada, y el anciano capellán de la corte debían de formar un bello grupo. Sus conversaciones tienen que haber influido en vos desde muy pronto, sobre todo por el hecho de haber sido hijo único. Incluso la región me la imagino llena de gracia y carácter.

—La verdad es —contestó Enrique— que no empiezo a conocer bien a mi región hasta ahora, que estoy fuera de ella, y que he visto muchas otras tierras. Cada planta, cada árbol, cada colina y cada montaña tiene su horizonte especial; es un entorno que les pertenece como algo propio, y que explica su estructura y todo su modo de ser. Sólo el animal y el hombre pueden ir por todas las regiones: todas les pertenecen. De este modo todas las comarcas forman un gran mundo, un horizonte infinito, cuyo influjo sobre el hombre y el animal es tan vivible como el influjo de los ámbitos más reducidos lo son sobre las plantas. De ahí que los hombres que han viajado mucho, las aves migratorias y los animales carniceros se distingan de los demás por una inteligencia especial, así como por otras maravillosas dotes. Sin embargo, no hay duda de que entre ellos se da una mayor o menor capacidad para dejarse influir y moldear por estos distintos mundos, por sus variados contenidos y por sus diversas ordenaciones. También es cierto que entre los hombres no faltan aquellos que carecen de la atención y la calma necesarias para observar primero de un modo adecuado el cambio de las cosas y su composición, y luego reflexionar sobre lo que han visto, y hacer las comparaciones necesarias. Actualmente, muchas veces, siento de qué modo mi patria me ha insuflado los primeros pensamientos, dándoles unos colores indelebles; me doy cuenta de qué modo su imagen se ha convertido en un extraño augurio de mi alma; un esbozo que yo descubro más y más cuanto más profundamente comprendo que destino y alma no son más que dos modos de llamar a una misma noción.

—En mí —dijo Silvestre— lo que más ha influido siempre ha sido, sin duda, la naturaleza viva, el ropaje cambiante del paisaje. Lo que de un modo especial ha despertado mi interés han sido las plantas: nunca me he cansado de observar con toda atención sus distintas especies. Las plantas son el lenguaje más directo de la tierra. Cada nueva hoja, cada flor, en lo que tiene de singular y especial, es un misterio que se abre paso para surgir a la luz, algo que, transportado de amor y de gozo, y sin poder moverse ni hablar, se convierte en una planta muda y tranquila. ¿No es cierto que si en la soledad encuentra uno una de estas flores parece como si todo lo que la rodea quedara transfigurado y como si los pequeños sonidos que vagan por el aire prefirieran mantenerse a la vera de ella? Uno quisiera llorar de alegría; quisiera separarse del mundo y no hacer otra cosa que hundir sus manos y sus pies en la tierra, para que echaran raíces y para no abandonar jamás tan feliz vecindad. Sobre toda la tierra, árida y seca, se extiende el tapiz verde y misterioso del amor. Cada primavera se renueva, y su extraña escritura, al igual que el lenguaje de las flores en Oriente, no puede leerla más que aquel que es amado. Eternamente la estará leyendo, y jamás se cansará de leerla, y todos los días irá encontrando nuevos sentidos, nuevas revelaciones de este ser amoroso que es la Naturaleza. Este gozo infinito es el secreto encanto que para mí tiene el recorrer la faz de la tierra: cada paisaje me descifra nuevos enigmas; me hace adivinar más y más de dónde viene el camino y a dónde el camino va.

—Sí —dijo Enrique—; hemos empezado hablando de los años primeros de la vida y de la educación, porque estábamos en vuestro jardín y porque el inocente mundo de las flores, que es la verdadera revelación de la infancia, sin nosotros mismos darnos cuenta, trajo a nuestra memoria y a nuestros labios el recuerdo de nuestra antigua naturaleza floral. Mi padre es también un gran amigo de la jardinería, y las horas más felices de su vida las pasa entre las flores. Seguro que esto es lo que ha mantenido en él un espíritu tan abierto hacia la infancia, porque las flores son la imagen misma de los niños. En este mundo vemos todavía entrelazadas íntimamente unas con otras la riqueza y la plenitud de la vida infinita, las tremendas fuerzas de los tiempos que han de venir, la magnificencia del fin del mundo y la futura edad de oro de todas las cosas; sin embargo, todo ello lo vemos con la mayor nitidez y claridad en estos gérmenes tiernos y delicados que son los niños. El amor ya está en camino, pero todavía no abrasa; no es una llama que consume, sino un perfume que se expande, y por muy íntima que sea la unión de estas tiernas almas no va acompañada ni de movimientos violentos ni de furia devoradora, como ocurre en los animales. Así, la infancia, en sus profundidades, está cerca de la tierra; por el contrario, las nubes, quizá, son manifestaciones de una segunda infancia, de una infancia superior, la del paraíso reencontrado, y es por esto, tal vez, que derraman sobre la primera un rocío bienhechor.

—Sin duda —dijo Silvestre—, en las nubes, hay algo muy misterioso, y a menudo, ciertos cielos nublados, ejercen sobre nosotros una influencia totalmente extraordinaria. Las nubes pasan, y en su fresca sombra quieren levantarnos de la tierra y llevarnos con ellas, y cuando sus formas son amables y coloreadas, al igual que un deseo exhalado de nuestro pecho, entonces su claridad, la magnífica luz que reina sobre la tierra, son como la prefiguración de un esplendor desconocido e inefable. Pero hay también nublados sombríos, graves y terribles, en los que parecen amenazarnos todos los terrores de la antigua noche: parece que nunca más va a querer aclararse el cielo, que el azul luminoso y sereno ha sido aniquilado, y un rojo cobrizo, sobre fondo gris negro, despierta en todos los corazones el escalofrío y la angustia. Pero cuando los funestos rayos caen zigzagueantes y, con sarcástica carcajada, los estruendosos truenos se precipitan tras ellos, entonces nos sentimos aterrorizados hasta lo más profundo de nuestro ser, y si en aquel momento no surge en nosotros el sublime sentido de nuestra superioridad moral creemos haber sido abandonados a los terrores del infierno y al imperio de los espíritus del mal. Son ecos de la antigua naturaleza inhumana, pero son también voces que despiertan en nosotros la naturaleza superior y la conciencia celestial. Lo mortal retumba en sus cimientos, pero lo inmortal comienza a brillar con mayor claridad, y cobra conciencia de sí mismo.

—¿Cuándo —dijo Enrique— dejará de ser necesario que haya en el mundo más horrores, más sufrimientos, más miserias y más males?

—Cuando no haya más que una fuerza, la fuerza de la conciencia moral; cuando la Naturaleza se haya convertido en algo disciplinado y dócil, en una conciencia moral. El Mal tiene sólo una causa: la debilidad y la flaqueza, y esta debilidad no es más que una falta de sensibilidad moral, una falta de encanto por parte de la libertad.

—¿Cuál es la naturaleza de la conciencia moral? ¿Podríais explicármelo?

—Si pudiera sería Dios, porque en el momento en que uno comprende la conciencia surge ésta. Y vos, ¿podríais explicarme lo que es la poesía como arte?

—No, no se le puede preguntar a nadie sobre una cosa tan personal como es la poesía.

—Cuánto menos, pues, sobre el misterio de la suprema indivisibilidad. ¿Podemos explicarle a un sordo lo que es la música?

—En este caso, ¿no es cierto que la percepción sería una participación en el mundo nuevo que ella misma nos ha abierto? Así como no comprendería una cosa más que en el caso de que la poseyera.

—El universo se descompone en infinitos mundos, que a su vez se integran en mundos cada vez más amplios. Todos los sentidos son, a la postre, un solo sentido. Al igual, como ocurre con un mundo, un sentido va conduciendo poco a poco a todos los mundos. Pero cada cosa tiene su tiempo propio y su modo de pensar propio. Sólo el Yo Universal es capaz de comprender las condiciones de nuestro mundo. Es difícil decir si dentro de los límites sensibles de nuestro cuerpo podemos ampliar nuestro mundo con otros mundos y nuestro sentido con nuevos sentidos; podría ser que cada aumento de nuestro conocimiento, cada nueva capacidad que adquiriéramos, fuera únicamente un desarrollo de nuestra actual comprensión del mundo.

—Tal vez estas dos cosas vienen a ser una misma —dijo Enrique—. Yo sólo sé que en el mundo, en el que actualmente estoy, mi único instrumento es la Fábula. Incluso la conciencia, esta fuerza que engendra pensamiento y mundos, este germen de toda personalidad, se me hace visible como el espíritu del Poema universal, como el Azar, que preside el eterno y romántico encuentro de todos los elementos de esta vida, infinitamente cambiante, que es la vida del universo.

—Querido peregrino —respondió Silvestre—, la conciencia aparece en toda auténtica plenitud, en toda verdad acabada. Toda inclinación, toda habilidad a la que la meditación convierta en imagen del mundo, pasa a ser una manifestación, una transformación de la conciencia. Toda cultura conduce a algo cuyo único nombre posible es «libertad», a condición de que este nombre designe no un mero concepto, sino el fondo creador de toda existencia. Esta libertad es maestría. El libre imperio del maestro se ejerce siguiendo un plan determinado y un orden fijo y meditado. La materia de su arte es algo que le pertenece; puede disponer de ella a su voluntad. No es nada que le encadene o le inhiba, y es precisamente esta libertad universal, esta maestría o, si se quiere, este dominio soberano lo que constituye el ser y la fuerza motriz de la conciencia. En ella se manifiesta la sagrada singularidad, la actividad creadora inmediata de la personalidad, de modo que cada uno de los actos del maestro es al mismo tiempo revelación de este mundo superior, simple y transparente, que es el Verbo de Dios.

—Entonces, ¿no podría ser que lo que antaño, según creo, se llamó «moral» no fuera más que la religión entendida como ciencia, es decir, lo que llamamos propiamente teología; no fuera más que una serie de leyes que fueran respecto a la adoración de la divinidad lo que la Naturaleza es con respecto a Dios?; ¿más que una construcción verbal, una sucesión de pensamientos que designan el mundo superior, representándolo y, de algún modo, reemplazándolo en un determinado nivel de cultura?; ¿más que la religión proporcionada a la capacidad de entendimiento y de juicio?; ¿que la sentencia y la ley que analiza y determina todas las relaciones posibles del ser personal?

—No hay duda —dijo Silvestre—. La conciencia es el mediador innato de todo hombre. Ella es la que representa a Dios en la tierra, y por esto, para muchos, es lo supremo y lo último. Con todo, por el momento, cuán alejada está la ciencia que llamamos doctrina de las virtudes, o moral, de la imagen pura de este pensamiento sublime, a la vez tan amplio y tan personal. La conciencia moral es la esencia misma del ser humano en su estado de plena glorificación: es el ser humano por excelencia, el hombre celeste. No se puede decir que sea esto o aquello; no es algo que se pueda dirigir por medio de máximas generales ni que consista en virtudes particulares. No hay más que una sola virtud: la voluntad limpia y recta, que en el momento de la decisión, excluyendo toda duda, es capaz de escoger de un modo inmediato. En su viva y peculiar indivisibilidad la conciencia habita y anima este delicado símbolo que es el cuerpo humano, y es capaz de poner en movimiento nuestras potencias espirituales del modo más auténtico y verdadero.

—¡Oh, padre excelente! —interrumpió Enrique—. ¡Cómo me está llenando de alegría la luz que emana de vuestras palabras! Entonces el verdadero espíritu de la Fábula es un amable disfraz del espíritu de la virtud, y el objeto propio de la poesía, este arte que está subordinado a la Fábula, es la actividad de nuestro ser más alto y a la vez más personal. Es sorprendente la identidad que existe entre una canción verdadera y una acción noble. La conciencia desocupada, en un mundo llano y que no ofrezca resistencia, se convierte en cautivante conversación, en fábula que relata la totalidad del universo. En los pórticos y en las salas de este mundo originario es donde mora el poeta, y la virtud es el espíritu de sus movimientos y de sus influencias terrenas. La Fábula, al igual que la virtud, es la divinidad actuando de una forma inmediata entre los hombres; es el maravilloso reflejo del mundo superior. ¡Con qué seguridad puede el poeta seguir las inspiraciones de su entusiasmo, o, si posee también un sentido más alto, supraterreno, obedecer a seres superiores y, con humildad de niño, abandonarse a su oficio! También por él habla la voz superior del universo, una voz que con palabras mágicas le llama a mundos más alegres y más conocidos. La religión es a la virtud lo mismo que el entusiasmo es al arte de la Fábula, y del mismo modo, como las Sagradas Escrituras guardan la revelación, asimismo el arte de la Fábula refleja de muy variadas maneras la vida de un mundo superior. Tales reflejos son las creaciones poéticas que de un modo maravilloso surgen de ella. La Fábula y la Historia guardan estrechísimas relaciones, y, bajo los más singulares disfraces, caminan a la par por los senderos más intrincados: la Biblia y la Fábula son astros de una misma órbita.

—Cuánta verdad hay en todo lo que estáis diciendo —dijo Silvestre—. Sin duda, ahora comprendéis por qué lo que sostiene la Naturaleza, y lo que la hace cada vez más estable y firme, es una sola cosa: el espíritu de la virtud. Él es, en el ámbito de lo terreno, la luz que todo lo inflama y que todo lo anima. Desde el cielo estrellado, esta sublime cúpula que es el reino de lo pétreo hasta el rizado tapiz de una pradera coloreada por las flores todo se mantiene por este espíritu; por él todo está enlazado con nosotros; por él somos capaces de comprenderlo todo; por él la historia infinita de la Naturaleza seguirá su camino desconocido hasta llegar a la transfiguración.

—Sí; hace un momento me habéis hecho ver de un modo tan bello la conexión que existe entre virtud y religión. Todo lo que tiene que ver con la experiencia y con la actividad de este mundo constituye el ámbito de la conciencia moral, de este vínculo que une nuestro mundo con el mundo superior. En los sentidos más elevados aparece la religión, y lo que antes parecía ser una incomprensible necesidad de nuestra naturaleza más íntima, una ley universal sin contenido preciso, se convierte ahora en un mundo maravilloso, familiar, doméstico, infinitamente variado y absolutamente apaciguador de todo deseo, en una comunidad incomprensiblemente íntima de los bienaventurados en Dios, y en una presencia perceptible y deificante en nuestro yo más profundo del Ser Personal por excelencia, de su voluntad y de su amor.

—La inocencia de vuestro corazón —contestó Silvestre— os hace profeta: todo se os va a hacer comprensible, y para vos el mundo y su historia se transformarán en Sagrada Escritura, igual que en ésta tenéis el gran ejemplo del universo entero revelado en palabras y en historias sencillas, aunque no de un modo directo, sí de un modo mediato, estimulando y despertando los sentidos superiores. A mí el trato con la Naturaleza me ha llevado al mismo punto al que habéis sido conducido vos por el placer y la inspiración del lenguaje. El arte y la historia me han hecho conocer la Naturaleza.

Mis padres vivían en Sicilia, no lejos del Etna, el famoso volcán, en una casa confortable, de estilo antiguo, que, cubierta por viejísimos castaños, y construida al lado mismo del mar, sobre el acantilado, constituía el bello centro de un jardín, en el que crecían plantas de muy variadas especies. Cerca de ella había muchas cabañas, en las que vivían pescadores, pastores y gente dedicada al cultivo de la vid. Nuestras habitaciones y nuestras bodegas estaban bien provistas de todo aquello que es necesario para la vida y, aún más, de lo que la eleva y ennoblece, y nuestro mobiliario se convirtió, gracias a un trabajo acertadamente pensado, en un placer, incluso para los sentidos más ocultos. Tampoco faltaban los más variados objetos, cuya contemplación y uso elevaban el espíritu por encima de la cotidianeidad de la vida y de sus necesidades, y parecían prepararla para una condición más digna y prometerle y otorgarle el goce limpio de su naturaleza, plena y personal. Allí había estatuas de piedra, vasijas decoradas con viejas historias, pequeñas piedras con figuras de la mayor nitidez y detalle, y otros objetos más, que debían de ser reliquias de tiempos pasados y más felices. Había también, colocados unos sobre otros, en estanterías, gran cantidad de rollos de pergamino; en ellos, en largas hileras de letras y con bellas y sugestivas expresiones, se conservaban los conocimientos, el modo de pensar y de sentir, las historias y los poemas de aquel pasado. La fama que mi padre se granjeó como astrólogo le atrajo gran número de consultas y de visitas, incluso de los más alejados países, y como la predicción del futuro les parecía a las gentes un don raro y precioso, se sentían obligados a recompensar con esplendidez sus respuestas; de esta forma, mi padre, con los regalos que recibía, podía hacer frente de un modo holgado a los gastos de una vida cómoda y regalada.

(Aquí termina el manuscrito de Novalis.)

EPÍLOGO DE L. TIECK

El autor dejó interrumpida en este punto la segunda parte de la obra. Como a la primera la había llamado «La Espera», llamó a esta segunda «La Consumación» porque en ella debía encontrar su resolución y su cumplimiento todo aquello que en la primera se había dejado presentir y adivinar. Una vez terminado el Ofterdingen, el poeta tenía la intención de escribir otras seis novelas más en las que quería dejar consignadas sus opiniones sobre la física, la vida de la ciudad, el comercio, la historia, la política y el amor, del mismo modo como lo había hecho con la poesía.

Sin necesidad de que yo se lo recuerde, el lector avisado advertirá que en esta obra el autor no se ha ceñido con exactitud a la época o a la persona del célebre Minnesinger, a pesar de que en ella todo va a recordarnos a este trovador y a su época. No sólo para los amigos del autor, sino para el arte mismo, es una pérdida irreparable el hecho de que Novalis no haya podido terminar una novela como ésta, cuya originalidad y cuyo grandioso designio se hubieran puesto de manifiesto más en la segunda parte que en la primera. Porque lo que el autor intentaba no era presentar este o aquel acontecimiento, tomar uno de los aspectos de la poesía y explicarlo por medio de figuras e historias; lo que quería, como queda indicado con toda claridad en el último capítulo de la primera parte, era expresar la esencia misma de la poesía e iluminar la intención más profunda de este arte. Si la Naturaleza, la Historia, la guerra, la vida de la ciudad, con sus acontecimientos más corrientes se transforman en poesía, es porque ésta es el espíritu que anima todas las cosas.

Voy a intentar dar al lector una idea del plan y del contenido de la segunda parte de esta obra, en la medida en que me lo permitan los recuerdos de algunas conversaciones tenidas con mi amigo y lo que yo he podido deducir de los papeles que él dejó.

Al poeta que haya captado el núcleo de la esencia de su arte nada le parecerá contradictorio ni extraño; para él todos los enigmas están resueltos; por medio de la magia de la fantasía puede enlazar todas las edades y todos los mundos; desaparecen los milagros y todo se convierte en milagro. Ésta es la concepción y el plan de este libro. En todo él, pero en especial en el cuento simbólico que cierra la primera parte de la obra, es donde el lector encontrará las conexiones más audaces; aquí todas las diferencias que parecen separar unas edades de otras y enfrentar unos mundos con otros quedan abolidas y subsumidas en una unidad superior. Con este cuento simbólico, lo que el poeta quiso, fundamentalmente, fue establecer una transición entre la primera parte y la segunda; en ella la narración pasa continuamente de lo habitual a lo extraordinario, y cada uno de estos dos planos se explica y se completa por el otro. El espíritu que habla en los versos introductorios de la obra debía reaparecer después de cada capítulo y seguir inspirando este clima espiritual, esta maravillosa visión de las cosas. Por este medio el mundo invisible quedaba enlazado eternamente con nuestro mundo visible. Este espíritu que habla es siempre la misma Poesía, pero también el hombre sideral que ha nacido del abrazo de Enrique y Matilde. En el poema que sigue, que estaba destinado a figurar en algún pasaje del Ofterdingen, el autor expresó con absoluta sencillez el espíritu profundo de sus obras:

Cuando la clave de todas las cosas
no sean ya ni figuras ni cifras,
cuando aquellos que cantan y se besan
posean mayor ciencia que los sabios;
cuando a la vida libre el mundo vuelva,
cuando regrese a su interior la tierra;
cuando de nuevo la luz y las sombras
se unan y engendren claridad verdadera;
cuando en poemas y mitos veamos
las historias eternas del mundo,
una sola, secreta palabra,
ahuyentará todo ser disonante.

El jardinero con el que Enrique habla es el mismo anciano que en una ocasión había acogido ya al padre de Ofterdingen. La muchacha llamada Cyane no es hija del jardinero, sino del conde de Hohenzollern. Llegó de Oriente hace muchos años, pero todavía se acuerda de su patria. Ha vivido largo tiempo en las montañas —educada allí por su madre, a la que ha perdido ya, llevó en aquellos parajes una extraña vida—; tenía un hermano, al que perdió muy pronto. Una vez, en una sepultura, estuvo también ella a punto de morir, pero un anciano médico la salvó de una forma singular. Es una muchacha alegre y amable, y muy familiarizada con lo maravilloso. El poeta oye de sus labios su propia historia —la muchacha la conoce como si, a su vez, la hubiera oído de labios de su madre—. Le manda a un monasterio apartado, cuyos monjes forman como una especie de colonia de espíritus: todo parece aquí una logia mística y mágica. Son los sacerdotes del sagrado fuego de los jóvenes espíritus. Enrique oye el canto lejano de los frailes. En la iglesia tiene una visión. Con un monje anciano habla Enrique sobre la muerte y la magia. Tiene intuiciones de la muerte y de la piedra filosofal. Visita el jardín del monasterio y el cementerio; allí encuentra el siguiente poema:

Cantad, cantad nuestras tranquilas fiestas,
nuestros jardines, nuestras estancias,
los dulces enseres de la casa,
nuestros bienes, nuestra hacienda.
Todos los días llegan nuevos huéspedes:
éstos pronto, aquéllos tarde;
en el espacioso hogar flamea siempre
el fuego de una vida renovada.
Graciosas vasijas, por miles,
mojadas antaño por tantas lágrimas,
anillos de oro, espuelas,
llenan nuestro tesoro.
Sabemos que en oscuras cavernas
tenemos muchas joyas y alhajas.
Nadie puede contar estas riquezas
—debería estar contando sin cesar...

Hijos de tiempos pasados,
héroes de épocas oscuras,
gigantescos espíritus de los astros,
extrañamente reunidos,
dulces mujeres, graves maestros,

niños y ancianos decrépitos,
todos, sentados en círculo,
viven aquí en este mundo antiguo.

Ya no habrá quien se lamente,
ni habrá quien quiera marcharse,
los que un día, alegres,
a nuestras abundantes mesas se sentaron.
Ya no se oirán más quejas,
no se verán más heridas,
ni se derramarán más lágrimas:
la arena del reloj fluirá eternamente.

Conmovida por la bondad divina,
sumida en celestial contemplación,
el alma abraza en su seno
un cielo azul sin nubes.
Largas y flotantes vestiduras
nos llevan por campos de primavera,
y nunca soplan en este país
brisas frías y cortantes.

Dulce encanto de la medianoche,
tranquilo círculo de secretas fuerzas,
voluptuosidad de juegos enigmáticos,
sólo nosotros os conocemos,
sólo nosotros hemos llegado a la suprema meta:
derramarnos en torrentes,
desparramarnos en gotas,
bebiendo este agua con delicia.

Para nosotros, ahora, amar es vivir;
las aguas de nuestra existencia,
como los elementos, rugientes,
se mezclan íntimamente, corazón con corazón,
y, lascivas, se separan,
porque la lucha de los elementos
es la suprema vida del amor
y el mismo corazón de nuestro corazón.

Sólo oímos la dulce plática
de secretos deseos.

Sólo vemos la mirada embelesada
de unos ojos en éxtasis.
Sólo gustamos dulces bocas
y ardientes besos.
Todo lo que tocamos
se convierte en fruto ardiente y oloroso
—víctima de nuestro audaz placer.

Crece y florece sin tregua
el deseo de estar con el amado,
de acogerlo en nuestra alma,
de ser una sola cosa con él,
de no resistirse a su sed,
de consumirse el uno con el otro,
de alimentarse el uno con el otro
—el uno del otro solamente.

En amor y delicia suprema
estamos siempre sumergidos,
desde que la áspera y turbia centella
de aquel mundo se apagó,
desde que se cerró la colina,
desde que la pira empezó a arder
y desde que nuestro espíritu, estremecido,
vio desvanecerse la faz de la tierra.

El prodigio de los recuerdos,
el dulce escalofrío de la santa tristeza
han resonado en el fondo de nuestro ser
y han refrescado nuestro ardor.
Hay heridas eternamente abiertas:
una pena divinamente profunda
mora en el corazón de todos nosotros
y nos disuelve en una misma corriente.

Y en el seno de un misterio,
en estas aguas corremos
al océano de la vida,
al seno mismo de Dios.
Y de su corazón salimos,
de nuevo, hacia nuestro mundo;
y el espíritu del supremo anhelo

se sumerge en nuestro torbellino.

Sacudid vuestras cadenas de oro,
adornadas con rubíes y esmeraldas;
arrojad vuestros broches, brillantes y hermosos,
música y rayo a la vez.
De los lechos del húmedo abismo,
de las tumbas y de las ruinas,
con rosas celestes en las mejillas,
volad al polícromo reino de la Fábula.

Si pudieran los hombres saber
—ellos, nuestros futuros compañeros—
que en todas sus alegrías
estamos nosotros presentes,
dejarían exultantes la vida,
contentos dejarían su pálida existencia.
¡Ah!, el tiempo pasa en seguida:
¡ven, amado, ven de prisa!

Ayudadnos a domar el Espíritu de la Tierra,
aprended a comprender el sentido de la Muerte
y a encontrar la palabra de la Vida.
Emprended el camino de vuelta.
Tu poder desaparecerá muy pronto,
la luz que te prestaron palidecerá,
pronto te verás encadenado,
Espíritu de la Tierra, tu tiempo terminó.

Es posible que este poema fuera a la vez el prólogo del segundo capítulo. En este momento debía empezar una fase completamente nueva de la obra: del gran silencio de la muerte debía surgir la vida más alta; Ofterdingen ha vivido entre los muertos y ha hablado incluso con ellos. El libro debía tomar un carácter casi dramático, y el tono narrativo de la obra debía servir únicamente para enlazar unas escenas con otras y para explicarlas de un modo sencillo. Enrique se encuentra de repente en Italia, país turbado y desgarrado por guerras; se ve como general al frente de un ejército. Todos los elementos de la guerra juegan aquí en patéticos colores. Con un ejército rápido asalta una ciudad enemiga; aparecen, en forma de episodio, los amores de un noble pisano con una joven florentina. Cantos de guerras. «Una gran guerra, como un duelo, totalmente noble, filosófica, humana. Espíritu de la antigua caballería. Torneo. Espíritu de la melancolía dionisíaca. Es necesario que los hombres se maten entre ellos: esto es más noble que caer bajo los golpes del destino. Los hombres buscan la muerte. El honor y la gloria son la alegría y la vida del guerrero. En la muerte y como una sombra vive el guerrero. El gusto por la muerte es el espíritu del guerrero. La tierra es el lugar natural de la guerra... Es necesario que exista la guerra en el mundo.» En Pisa Enrique encuentra al hijo del emperador Federico II y traba íntima amistad con él. Va también a Loretto. Después de este episodio debían venir varias canciones.

Una tempestad arrastra al poeta a las costas de Grecia. El mundo antiguo, con sus héroes y sus tesoros artísticos, exalta su espíritu. Habla con un griego sobre moral. Todo lo que pertenece a aquellos tiempos se le hace presente; penetra por primera vez el sentido de las imágenes y de las historias de aquel pasado. Conversaciones sobre las instituciones políticas de Grecia; sobre mitología.

Después de haber aprendido a comprender los tiempos heroicos y la Antigüedad, Enrique marcha para Oriente, país por el que había suspirado desde niño. Visita Jerusalén; conoce poemas orientales. Extraños sucesos con infieles le retienen en solitarios parajes. Encuentra la familia de la muchacha oriental (*vid.* primera parte). Tipo de vida de algunas tribus nómadas de aquel país. Cuentos persas. Recuerdos de los primeros tiempos de la historia del mundo. El libro, bajo los más diversos acontecimientos, debía conservar siempre el mismo tono y traer siempre a la memoria la Flor Azul; al mismo tiempo, las leyendas más diversas y alejadas –griegas, orientales, bíblicas y cristianas, con recuerdos de la mitología hindú y nórdica– debían encontrarse totalmente enlazadas en esta obra. Las Cruzadas. La vida en el mar. Enrique va a Roma. La época de la historia romana.

Saciado de experiencias, Enrique regresa a Alemania. Allí encuentra a su abuelo, hombre de espíritu profundo, en compañía de Klingsohr. Conversaciones vespertinas con los dos.

Enrique se dirige a la corte de Federico y allí conoce personalmente al emperador. La corte tenía que ofrecer un espectáculo de gran nobleza: el autor pensaba presentar a los hombres más importantes, más nobles y relevantes de todo el mundo reunidos en torno al emperador. Aquí empieza el máximo explendor y la verdadera grandeza del mundo. Se pone de relieve el carácter alemán y la historia alemana. Enrique habla con el emperador sobre el arte de gobernar, sobre el imperio; oscuras palabras sobre América y las Indias orientales. Modo de pensar y de sentir de un príncipe. Emperador místico. El libro *De tribus impostoribus*.

Después de haber vivido y experimentado de nuevo la Naturaleza, la vida y la muerte, la guerra, el Oriente, la historia y la Poesía –de un modo nuevo y más amplio a como lo había hecho en la primera parte, «La Espera»–, Enrique regresa a su alma como a una patria antigua. De la comprensión del mundo y de sí mismo surge el anhelo de la transfiguración. En este momento la gran maravilla del mundo de la fábula se acerca de un modo especial, porque ahora el corazón del poeta se encuentra totalmente abierto a ella.

En la colección maneseana de los Minnesingers encontramos un debate poético, de no muy fácil comprensión, en el que Ofterdingen y Klingsohr compiten con otros poetas; en lugar de este debate, el autor quería presentar una extraña pelea poética: la del principio del Bien, que cantaría a la Religión, y el principio del Mal, que cantaría a la Irreligión: el mundo invisible contrapuesto al visible. «En báquica ebriedad, llenos de entusiasmo, los poetas entablan un duelo a muerte.» Las ciencias son poetizadas, también la matemática toma parte en la pelea. Los poetas cantan a las plantas de la India: mitología hindú transfigurada.

Este es el último acto de Enrique en la tierra, el paso a su propia transfiguración. Este es el desenlace de toda obra, la *consumación* del cuento simbólico que cierra la primera parte. Todo se ilumina y se completa del modo a la vez más sobrenatural y más natural; cae el muro que separa la Fábula de la Verdad, el pasado del presente: la Fe, la Fantasía y la Poesía revelan la más profunda intimidad del mundo.

Enrique llega al país de Sofía, a una Naturaleza tal como podría ser una Naturaleza alegórica, después de haber hablado con Klingsohr sobre algunos extraños signos y presagios. Estos se despiertan, fundamentalmente, al oír por casualidad una vieja canción en la cual se describe un agua profunda que se encuentra en un oculto lugar. A este canto se despiertan recuerdos muy antiguos; Enrique va en dirección al agua y encuentra una pequeña llave de oro que hacía tiempo le había arrebatado un cuervo y que nunca había podido encontrar. Era una llave que, al poco de morir Matilde, le había dado un anciano: él debía llevarla al emperador y éste le diría qué era lo que tenía que hacer.

Enrique va a ver al emperador; éste se alegra muchísimo y le da un viejo documento en el que está escrito que el emperador debe darlo a leer a un hombre que, un día, de modo casual, le traerá una llave de oro; que este hombre encontrará en un paraje oculto una vieja joya, un carbúnculo de poderes mágicos, al cual le está destinado un lugar, ahora vacío, en la corona imperial. En el pergamino se encuentra también la descripción del paraje en el que Enrique debe encontrar esta piedra. Siguiendo estas indicaciones, el joven se pone en camino y se dirige a una montaña; en el camino se encuentra con el Extranjero que, al principio, le había hablado, a él y a sus padres, de la Flor Azul; habla con él de la Revelación. Penetra en la montaña y Cyane le sigue fielmente.

No tarda en llegar a aquel maravilloso país en el que el aire y el agua, las flores y los animales son totalmente distintos a los que se encuentran en nuestra Naturaleza terrestre. Al mismo tiempo el poema se transforma, en algunos momentos, en espectáculo. «Hombres, animales, plantas, piedras y astros, elementos, sonidos, colores, se reúnen como seres de una familia y se mueven y hablan como si fueran de una misma raza.» «Flores y animales hablan sobre el hombre.» «El mundo de la fábula se hace completamente visible, el mundo real mismo es visto como un cuento.» Enrique encuentra la Flor Azul: es Matilde, está durmiendo y tiene el carbúnculo; una niña, hija de él y de Matilde, está sentada junto a un ataúd y le rejuvenece. «Esta niña es el mundo original, la Edad de Oro última.» «Reconciliación de la Religión cristiana y el paganismo.» «Historia de Orfeo, de Psique y otras.»

Enrique coge la Flor Azul y libera a Matilde de su encantamiento; pero la vuelve a perder; rígido de dolor se convierte en una piedra. «Edda (la Flor Azul, la muchacha oriental, Matilde) se ofrece como víctima junto a esta piedra, y Enrique se convierte en un árbol sonoro. Cyane derriba el árbol, se quema con él y el árbol se convierte en un carnero dorado. Edda-Matilde tienen que sacrificarlo, se convierte en un hombre. Durante estas transformaciones tiene toda clase de conversaciones extrañas.»

El joven es feliz con Matilde, que es, a la vez, la muchacha oriental y Cyane. Se celebra la más alegre fiesta del alma. Lo que había precedido a todo esto era la muerte. Último sueño y despertar. «Reaparece Klingsohr como rey de la Atlántida.» «La madre de Enrique es la Fantasía, el padre es el Sentido, Schwaning es la Luna, el minero es el anciano que colecciona objetos antiguos y al mismo tiempo es también el Hierro. El emperador

Federico es Arctur. Reaparecen también el conde de Hohenzollern y los mercaderes.» Todo confluye en una alegoría. Cyane lleva la piedra al emperador, pero Enrique es ahora también el poeta de aquel cuento que los mercaderes le contaron al principio.

Sólo un encantamiento pesa sobre el país bienaventurado: está sometido al cambio de las estaciones. Enrique destruye el imperio del sol. Un gran poema, del que el autor escribió sólo el principio, debía cerrar la obra.

LAS NUPCIAS DE LAS ESTACIONES

Pensativo, el nuevo monarca se acordaba ahora
del sueño de la otra noche y de las narraciones
que por primera vez le hablaron de la celeste Flor;
secretamente conmovido por el presagio sintió un gran
[amor.
Le parece oír aún la voz profunda y penetrante,
y que el Huésped acaba de dejar el círculo de amigos;
fugaces reflejos de la luna iluminaban las ventanas azotadas
[por el viento,
y en el pecho del joven brota un fuego que consume.
«Edda, dijo el rey, ¿cuál es de un corazón amante
el deseo más íntimo?, ¿cuál el dolor supremo?
Habla, queremos ayudarle, en nuestras manos tenemos el
[poder.
Que sea magnífico este tiempo en que tú vuelvas a alegrar
[al cielo.»
«Si los tiempos no fueran enemigos
y Futuro quisiera aliarse con Presente y con Pasado,
si la Primavera se uniera al Otoño y el Verano al Invierno,
si la Juventud, con alegre seriedad, quisiera estar con la
[Vejez,
entonces, dulce esposo, quedaría vencida la fuente del
[Dolor
y el corazón realizaría su deseo al gozar con todos los
[sentimientos.»
Así habló la Reina; su bello amante con entusiasmo la
[abrazó.
«Has pronunciado, en verdad, palabras del cielo, que
[flotaban

desde hace mucho en los labios de hombres de sentir
[profundo,
pero sólo han resonado, puras y fecundas, en los tuyos.
¡Deprisa, que traigan mi carro! Iremos nosotros a bus-
[carlas,
primero a las Estaciones del año, después, las Edades del
[hombre.»

Se ponen en camino hacia el Sol y cogen primero al Día; luego van hacia la Noche, más tarde al Norte a buscar al Invierno, y luego hacia el Sur para capturar allí al Verano; del Este traen la Primavera, del Oeste el Otoño. Después corren a buscar la Juventud, luego la Vejez, el Pasado y el Futuro.

Esto es todo lo que puedo decirle al lector. Me he basado en recuerdos personales y en palabras sueltas e indicios encontrados en los papeles de mi amigo. El desarrollo completo de esta gran tarea hubiera sido un monumento perdurable de una poesía nueva. En estas notas he preferido ser breve y escueto, a caer en el peligro de introducir nada que pudiera provenir de mi propia imaginación. Tal vez lo fragmentario de estos versos y de estas palabras puedan conmover a más de un lector, como me conmueven a mí, que no contemplaría con más devoción ni con mayor melancolía los jirones de un lienzo de Rafael o de Correggio.

ÍNDICE